LOS MEJORES MENSAJES DE DANTE GEBEL

«BAILANDO CON LA MÁS FEA», «CONEXIONES DE ORO», «LA HISTORIA JAMÁS CONTADA», «LOS DOS MANTOS» Y OTROS SERMONES EXTRAORDINARIOS

La misión de Editorial Vida es ser la compañía líder en satisfacer las necesidades de las personas con recursos cuyo contenido glorifique al Señor Jesucristo y promueva principios bíblicos.

LOS MEJORES MENSAJES DE DANTE GEBEL
Edición en español publicada por
Editorial Vida – 2013
Miami, Florida

©2013 por Dante Gebel

Editora en Jefe: *Graciela Lelli*
Edición: *Gisela Sawin y Nahum Saez*
Diseño interior: *Grupo Nivel Uno, Inc.*

ISBN: 978-0-8297-5870-2

CATEGORÍA: Vida Cristiana / Inspiracional

CONTENIDO

DEDICATORIA

A nuestros entrañables amigos Hernán y Stella Luna, pastores del Centro Familiar Cristiano Tiempo de Creer, en Buenos Aires. Nunca había conocido a un matrimonio con tanta hambre por la unción del Espíritu y que amara de esa manera la presencia de Dios. Gracias por valorar estos mensajes y haberme alentado tantas veces a continuar. ¡Qué bueno que el Señor cruzara nuestros caminos nuevamente!

RECONOCIMIENTOS

A Liliana, el día que terminaba de escribir el último capítulo de este libro, cumplíamos veintitrés años de casados. Fueron poco más de dos décadas intensas en las que aprendimos juntos que no hay imposibles para Dios. Gracias por estar siempre, en los buenos momentos y en los valles, y por los cuatro maravillosos hijos que me regalaste.

A Marisol Richardson, eres una extraordinaria profesional, tu trabajo al timón de nuestro equipo de televisión y multimedia es realmente magnífico.

A nuestro querido cuerpo pastoral de FavordayChurch: Cristóbal y Blanca, Eduardo y Zulema, Guillermo y Vivi, Mario y Graciela, Michael y Analía, José Luis y María, David y Sheryl. ¡Son el equipo con el que ha soñado cualquier pastor del mundo!

Una palabra de enorme gratitud a Gisela Sawin por haberme ayudado con los manuscritos y la edición, realmente sacaste este libro adelante en tiempo récord.

A Enrique Gómez, Daniel Peckerman y Julio Mariano, tres de mis mejores amigos y quienes han hecho un culto de la lealtad y el compromiso, cualidad que suele ser un artículo de lujo en la actualidad. Gracias por todos estos años de servicio y los que vendrán.

A Daniel Darling y Rob Owen, dos nuevos amigos que el Señor me ha regalado en estos últimos años. Nunca olvidaré todo lo maravilloso que nos pasó en Israel.

A Editorial Vida, ¡gracias por seguir confiando en mí!

RECOMENDACIONES

Desde que conoció a Jesucristo, Dante se convirtió en una llama ardiente que, por gracia del Señor, ha contagiado y sigue contagiando a miles de chicos que lo consideran «el pastor de los jóvenes».

Pero no solo a los muchachos que lo miran como modelo. También a personas de más edad que son estremecidas con el mensaje de este heraldo del evangelio. Recuerdo cuando lo escuché en uno de sus Superclásicos de la Juventud. Estaba siguiendo el mensaje desde uno de los palcos del estadio y no pude contener mis lágrimas. Su verticalidad, su énfasis en la cruz, la santidad, el compromiso con Dios, me lo revelaron como un verdadero profeta contemporáneo.

Lo visualicé hace muchos años como un motivador, luego lo escuché como un gran predicador. Hoy, lo respeto como un pastor de poderosa unción.

Este precioso libro presenta algunos de sus sermones. ¡Qué pobre es la tinta y el papel para mostrarnos la altura ministerial de este embajador del reino de Dios!

El mensaje de Dante es mucho más que un cúmulo de palabras. El mensaje principal de Dante es su vida, su familia, sus sueños, su fe, su atrevimiento.

Siendo muy joven, Dante Gebel ya es parte de la historia de América Latina. Millones de jóvenes le oyen, le miran y tratan de imitarlo.

Obviamente Gebel ha salido de los parámetros tradicionales, gracias a Dios por ello. El evangelio no cambia; el modo de difundirlo debiera cambiar. Él entiende a la juventud. Sabe comunicarse con ella.

Gracias Dante por tu entrega, por seguir soñando, por atreverte a ser diferente, auténtico. Y especialmente, gracias por ser fiel a la Palabra, fiel al Señor que te llamó, te ungió y te llevará a mayores niveles de influencia. Doy una cálida bienvenida a esta magnífica nueva obra literaria de mi amigo Dante Gebel.

Alberto H. Mottesi
Evangelista

El Señor me ha impresionado con Dante, su mano indudablemente está sobre él y es un honor muy especial para mí recomendar este maravilloso libro. Reconozco una unción y una bendición muy especiales sobre Dante Gebel. Estoy seguro de que los mensajes aquí seleccionados serán mucho más que solo una buena lectura para tu vida. Estas palabras son como manzanas doradas, cuando las apliques, tendrás mucho fruto. Al sostener estas palabras en tu mano, reconocerás que Dios tiene verdaderamente una cita divina para ti. ¡Celebro el ministerio de Dante y esta nueva obra literaria!

Morris Cerullo
Evangelismo Mundial, San Diego, California

Hay momentos en la historia cuando Dios soberanamente escoge a alguien para que impacte de manera profunda a una generación, una nación y aun al mundo. Dante Gebel es uno de los siervos que Dios ha elegido para alcanzar al mundo de habla castellana precisamente para un momento como este. Él es, sin lugar a dudas, uno de los mejores comunicadores que he visto durante el transcurso de mi vida.

Pocos predicadores han logrado dominar el arte de describir, enseñar y narrar historias. Dante tiene el don único que entreteje los tres sin costura alguna. Por eso, centenares de miles de jóvenes llenan estadios cada año para escuchar la Palabra de Dios. Por eso, millones sintonizan sus programas de televisión. Los jóvenes y mayores por igual encuentran esperanza e inspiración en los mismos mensajes que contiene esta obra.

El libro que sostienes en tus manos es la esencia de Dante Gebel. Es una compilación de mensajes poderosos que han tocado a millones de personas en cada uno de los veinte países de América Latina. Este libro te desafiará, te animará, te inspirará, te ayudará a experimentar el favor de Dios y su maravilloso potencial para la vida. Así que ¡abre tu corazón a lo poderoso que Dios tiene para ti hoy! Junto a Dante, creo que lo mejor para tu vida está por venir.

He viajado por todo el mundo y he hablado a más de cuatro millones de personas en eventos en vivo. Yo sé cuando alguien es sincero o de carácter defectuoso. Dante Gebel es un hombre genuino e íntegro. Como amigo personal, te digo que Dante vive lo que proclama. Ver como ama y estima a su esposa e hijos y la manera en la cual lo estiman a él, me demuestra que tiene un corazón conforme al de Dios. Estoy completamente seguro de que al poner en práctica lo que leas en las páginas de este libro, tu vida será enriquecida dinámicamente por el poder de Dios.

Jason Frenn
Autor, evangelista

Dante Gebel me encanta por varias razones. Aunque tiene tantos talentos para hacer bien cualquier cosa que desee, es un hombre que anhela y se deja guiar por el Espíritu Santo. Su ser interior desea continuamente conocer más a Dios y ser guiado por él. Me encanta porque aunque cree en un Dios que salva, sana, prospera y bendice, también comprende que Dios es soberano, que no siempre actúa como nosotros queremos y que debemos aceptar la realidad de las pruebas y aflicciones de la vida que nos ayudan a perfeccionar la paciencia y formar el carácter de Cristo en nosotros.

A veces predica extenso pero no cansa, porque siempre dice algo que nosotros no sabíamos o de lo cual no nos habíamos dado cuenta. Él ama, está consciente y adora la presencia del Señor, dándole siempre el lugar preponderante a esa presencia en sus servicios. Claro, además de su espiritualidad, posee muchos talentos, tiene un sano y medido humor, sabe imitar y personificar a cualquiera y especialmente a los personajes bíblicos, da color, sonido y vida a sus historias. También su juventud, apariencia, pulcritud en su vestir, gestos y movimientos lo hacen placentero a los oyentes de toda edad, incluso a los niños. Uno sale de sus prédicas habiendo aprendido algo útil, inspirado, motivado y tocado por Dios mismo. También me encanta porque además, a pesar de sus múltiples ocupaciones, hace buen espacio para dedicarse a su hermosa familia, y su esposa e hijos lo admiran y siguen.

Juan Carlos Ortiz
Pastor, conferencista y autor

CAPÍTULO 1

LOS TRES VALLES

Desde que asumí como pastor en la Catedral de Cristal, actualmente FavordayChurch, Dios nos ha dado el favor de estar al aire en toda la ciudad de Los Ángeles a través de la popular cadena Telemundo, cada sábado por la mañana. Nuestros editores trabajan muy duro para llevar cada uno de mis mensajes (que en ocasiones suelen durar hasta casi una hora) a solo veintiséis minutos de duración para poder emitirlos en televisión. Lo curioso fue que cuando editamos este mensaje, solo pudimos poner al aire dos de los tres valles. Los televidentes se dieron cuenta de este importante detalle, puesto que al principio del sermón yo mencioné que hablaría de tres valles y de hecho así se llamaba el mensaje, pero por razones de tiempo y de edición, solo pude hablar de dos a través de la pantalla de Telemundo. Ese mismo día y durante las semanas siguientes colapsaron las líneas telefónicas de nuestras oficinas y nuestro servidor de Internet. Cientos de televidentes reclamaban que querían saber de qué se trataba el tercer valle y algunos, muy molestos, decían que era injusto que los dejáramos con la intriga y con un mensaje que estaba inconcluso. Como nuestro cronograma ya estaba armado con anticipación, no pudimos reparar el error de no haber editado una segunda parte del mensaje, por lo que solo pudimos ofrecer nuestras sinceras disculpas. En resumen, este mensaje fue predicado en la Catedral de Cristal

durante el mes de octubre del 2010, pero solo nuestra congregación
que ese día estuvo presente, pudo disfrutarlo sin cortes. Esa es una
de las razones por las que decidimos incluir la versión completa
en este libro.

Las situaciones de crisis suelen sorprendernos porque llegan sin
previo aviso y nos despedazan el plan. Tienes la vida más o menos
programada y una enfermedad, un diagnóstico, un problema financiero, te desenfoca por completo.

En muchas oportunidades se relaciona a la crisis con un valle que
debemos atravesar hasta llegar a la otra orilla, señal de haber sobre-
vivido a la situación.

He tenido que cruzar estos valles muchas más veces de las desea-
das por mí. Es por ello que puedo contártelo refiriéndome con autoridad al respecto, porque de allí vengo, de atravesar desiertos.

A lo largo de este mensaje los guiaré por tres valles, a cada uno de
ellos los conozco muy bien y quiero que puedas identificarlos y descubrir que cada crisis tiene un propósito. Eso te ayudará a transitar
más rápido el camino.

El secreto es saber diferenciarlos y no confundirlos.

Al primero, «el valle de las lágrimas» irás solo, la vida te lleva
hasta allí, y debes cruzarlo. Al segundo, «el valle de la muerte», Dios
mismo será quien te lleve. El tercero y último, «el valle a causa de la
unción», vendrá a causa de tu llamado, de tu ministerio.

El valle de las lágrimas

Denominé a este primero «el valle de las lágrimas» porque es el tránsito a través del dolor.

La palabra dice: «Dichoso el que habita en tu templo, pues siempre te está alabando. Dichoso el que tiene en ti su fortaleza, que
sólo piensa en recorrer tus sendas. Cuando pasa por el valle de las

Lágrimas lo convierte en región de manantiales; también las lluvias tempranas cubren de bendiciones el valle» (Salmos 84.4–6).

Muchos hemos tenido que cruzar este primer valle. Surge en el camino de personas que luego de un accidente de tránsito se encuentran sumidas en la tristeza y han tenido que cambiar las prioridades en su vida. Personas que han perdido hijos y familias enteras. Así, de pronto, de la noche a la mañana, uno encuentra un episodio como este donde el Señor dice: «Feliz aquel que puede atravesar un valle de lágrimas, y del dolor, cuando surgen tantas preguntas y hay tan pocas respuestas, puede transformar esa tristeza en bendición, y aun así aprender algo».

He conocido hombres de Dios que oran por sanidad y ellos mismos han tenido que cruzar el umbral de la muerte por causa de la enfermedad. Entonces surge la pregunta: «¿Me protege Dios?». Sí, Dios te protege, pero valora la vida eterna, independientemente de que en su soberanía toma decisiones que nosotros no podemos o nos cuesta comprender.

Si creyéramos que Dios sana siempre y que siempre hace milagros, nunca habría que oficiar funerales. No tendríamos que dar el pésame ni palabras de consuelo a una persona que perdió un ser querido. Eso no significa necesariamente que a esa persona le faltó fe ni que llegó una maldición a la familia. El Señor nos dice que tendremos que atravesar valles de lágrimas y transformarlos en manantiales de bendición.

Mis papás son ancianitos y sé que al fin los tendré que despedir. Dios no me ha prometido que ellos se van a quedar por la eternidad ni que serán inmortales. Lo lógico es que cuando les toque partir, yo los tenga que llorar.

Hay una mujer en nuestra congregación que perdió a su hermana en Argentina como resultado de una enfermedad que la arrebató de un mes al otro. Ella se pregunta: «¿Por qué ocurre algo así cuando creemos en un Dios de poder?». Mi pregunta es distinta: «¿Cuántos han experimentado milagros físicos, no solo en su propio cuerpo, sino en la vida de seres queridos a causa de la oración?». Seguramente a ti te ha sucedido. Esto nos da la pauta por la que creemos en los milagros.

En ocasiones hay valles de lágrimas que atravesar, no solo por una enfermedad, sino por un hijo que no es tan inteligente como quisieras y padece algún síndrome. Las mamás lloran cuando se dan cuenta de que su hijo no es feliz con la mujer que se casó. Lloramos cuando afrontamos un divorcio. Hay lágrimas. Hay dolor.

Atravesar el valle es lógico, uno tiene que pasar por el desierto. El tema es que hay personas que se quedan a vivir allí, en el valle de lágrimas, y en lugar de aprender algo y transformar esas lágrimas en risa, creen que es una maldición y que no sirvió para nada. Todos hemos pasado por las lágrimas. Todos tenemos una historia triste que contar. Un momento en la vida que no fue el más feliz. Pero Dios no es solo el Dios de las montañas, sino también el de los valles. El Dios de los momentos más tristes.

En cierta ocasión, alguien le dijo a un rey de Israel: «Dios está contigo porque estás en los montes. Pero si bajas al sitio más bajo, Dios te abandonará». Pero Dios declaró: «Yo también te daré la victoria en los valles».

Amigo, aunque estés transitando un tiempo de lágrimas, anhelo que puedas encontrar el propósito por el cual estás pasando ese momento. ¿Recuerdas a Sara, que no podía dar a luz hijos? Cuando Dios le dijo a Abraham: «Tu esposa va a quedar embarazada», ella se rio. Y Dios dijo: «Sara tendrá un hijo que se llamará "risa"». En el original hebreo, cuando se pronuncia el nombre de Isaac, no significa literalmente «risa» sino que es la onomatopeya de esa palabra. Por ejemplo, Dios le dijo: «Tu hijo se va a llamar: Ja, ja, ja, ja». Y cada vez que lo llamaba, decía: «Ja, ja, ja, ja, ven a comer. Ja, ja, ja, ja, ve a estudiar». Cada vez que Sara lo nombraba estaba obligada a reírse.

En el momento que estamos atravesando el valle de las lágrimas, no podemos ver qué se trae Dios entre manos. Nunca los que escriben la historia saben que lo están haciendo. Ninguno de los grandes próceres de la historia sabía que estaba escribiendo una página importante del libro de historia.

Cuando Abraham se dispuso a sacrificar a su hijo; cuando Noé subió de dos en dos los animales en el arca; cuando cada uno de ellos pasó situaciones difíciles, se habrán preguntado: «¿Y ahora qué?». No se imaginaban que Dios tenía una vista panorámica de sus vidas y que estaban escribiendo la historia.

Pero las preguntas también surgen en nuestro interior: «¿Y ahora qué? Después de esto, ¿cómo me repongo?, ¿cómo me levanto?, ¿cómo vivo? No creo que pueda recuperarme después de lo que me acaba de ocurrir».

¿Recuerdas los dibujos de libros infantiles en los que se deben unir los números con líneas y al final se visualiza una imagen terminada? La vida tiene un montón de líneas de puntos que unir. Pero es probable que cuando estés llorando frente a un ataúd y quieras trazar una línea de puntos hacia el futuro, no sepas hacia dónde dibujarla. Porque en ese momento del valle de lágrimas es difícil unir los puntos hacia adelante. Años después, cuando estés viviendo una victoria, trazarás la línea de puntos hacia atrás y te llevará hacia ese sitio de dolor, hacia aquel momento en que pensabas que no habías aprendido nada, pero luego entenderás que sirvió para algo.

Hace muchos años, en la compañía donde trabajaba, me acusaron de ladrón. Me tuvieron detenido injustamente toda una noche. No había robado nada, nunca lo hubiera hecho. Sin embargo, el dueño me dijo: «Tú me robaste», y me privó de mi libertad. Esa noche fue muy fría, no sé si fue adrede o si nadie se dio cuenta, pero encendieron el aire acondicionado de la sala donde estaba encerrado. ¡Estaba muerto de frío! No sabía con qué taparme. A todo eso, mi esposa no sabía dónde estaba, pensaba que había desaparecido. Toda una noche estuve encerrado orando y llorando.

En ese momento, primero me enojé con Dios. Después dije: «Al fin y al cabo, si las cosas sirven para algo, seguro que esta no me va a servir para nada». La Biblia dice: «sabemos que Dios dispone todas las cosas para el bien de quienes lo aman, los que han sido llamados de acuerdo con su propósito» (Romanos 8.28). Estaba tan enojado y con tanto frío, que pensé que esa experiencia no me iba a ayudar en lo absoluto.

Al día siguiente, después de semejante tortura, firmé mi renuncia, quería irme a casa y buscar un poco de calor. Fue mi momento más doloroso. Mi esposa me esperaba en el balcón del departamento en el cual vivíamos, estábamos recién casados. Llovía. Bajé del autobús, tenía la barba de dos días por no afeitarme y caminaba inclinado. Ella me vio y comenzó a llorar.

En su libro *El sueño de toda mujer*, Liliana recuerda ese incidente como el momento cuando Dios quebró mi orgullo y supo que mi «yo» estaba muerto para siempre. Este suceso ocurrió en abril del año 91. Cuando me abracé a ella llorando en las escaleras, le dije: «Liliana, sabes que yo nunca robé nada». Y ella respondió: «Lo sé. Lo sé». Y juntos lloramos en silencio.

Ese día Dios me quebró. Reconozco que hacía un tiempo me venía llamando a servirle y yo hacía oídos sordos, probablemente se valió de una situación de lágrimas, dolorosa (en la que todos los cristianos que me conocían decían: «Dante Gebel robó») para trabajar en mí.

Entonces fui a ver al que era mi pastor y le dije: «Esto fue lo que me ocurrió». Me dijo: «Es muy raro lo que cuentas». Sentí que si mi propio pastor no me creía, no me quedaba en quien confiar. Entonces Liliana dijo: «Mejor oremos y busquemos el rostro de Dios». Noche tras noche clamábamos a él. Nuestra situación era realmente complicada, no teníamos ni siquiera para comer.

No recuerdo un valle de lágrimas peor que ese en nuestra vida matrimonial.

Pocos meses después, en junio del año 91, una noche, a la una de la madrugada, mientras estábamos orando, tuve una visión en la habitación. Vi un estadio repleto de jóvenes y Dios que decía: «Te levanto con un propósito. Te levanto con una misión». Inmediatamente desperté a Liliana y le dije: «Dios me va a levantar como predicador». Ella entredormida me dijo: «Sí, pero acuéstate porque es tarde». Supongo que habrá pensado que deliraba.

De pronto empezaron a ocurrir eventos encadenados, conexiones divinas, y en poco tiempo estaba predicando a miles y miles. Cuando me paré en la plataforma del estadio, frente a toda esa gente, tracé mi línea de puntos hacia atrás y supe que lo que me había llevado hasta allí había sido aquella vez que alguien me dijo: «Eres un ladrón». Dios había transformado mi valle de lágrimas en un manantial, en una fuente para bendecir a miles.

El valle de muerte

«La mano del SEÑOR vino sobre mí, y su Espíritu me llevó y me colocó en medio de un valle que estaba lleno de huesos» (Ezequiel 37.1). Hay otro valle donde Dios mismo te lleva. No es un desierto donde te llevó la vida cotidiana. No es un valle ocasionado por una enfermedad, por una muerte. Es un valle, un desierto, al que Dios te lleva por un propósito definido.

Cuando Dios quiere te coloca en medio de un valle de muerte, como lo hizo con Ezequiel. Pero había un propósito. Allí no vas porque te equivocaste, porque hiciste algo malo, sino porque Dios quiere contaminar de vida donde hay muerte.

Cuando me invitaron a pastorear la iglesia hispana de la *Catedral de Cristal*, me vi en medio de una congregación de la que todo el mundo decía: «Es una iglesia muerta, el avivamiento en California ocurrió hace cien años, ya no existe». En mi interior le preguntaba al Señor: «¿Por qué llegué hasta acá?». Su respuesta fue: «No llegaste, yo te puse ahí porque llevaré vida, "mi vida", a ese lugar», y en poco tiempo nos transformamos en miles hasta llegar a ser la iglesia hispana de mayor crecimiento en Estados Unidos.

Nunca maldigas la empresa donde trabajas. Dios te puso en medio de huesos secos, que no tienen vida, con un propósito. En determinado momento Ezequiel dijo: «Me hizo pasearme entre ellos, y pude observar que había muchísimos huesos en el valle, huesos que estaban completamente secos. Y me dijo: "Hijo de hombre, ¿podrán revivir estos huesos?". Y yo le contesté: "SEÑOR omnipotente, tú lo sabes"» (vv. 2–3).

No eran cadáveres, eran huesos, y Dios le preguntó si él creía que esos huesos podían vivir. La respuesta del profeta determinaría qué iba a ocurrir después.

Es por eso que creo necesario hacerte la misma pregunta. Cuando miras tu matrimonio deshecho, cuando dices que ya no hay más solución, el Espíritu Santo me anima a que te pregunte: «¿Crees que tu matrimonio puede revivir?».

Cuando declaras: «Estoy totalmente endeudado, no tengo más salida, nunca podré salir de mi deuda» tengo que preguntarte: «¿Crees que tus finanzas muertas pueden vivir?». Es la pregunta que Dios te hace siempre: «¿Crees que puedes ser sano? Entonces, sé sano».

Dios le dijo a Ezequiel: «Profetiza sobre estos huesos, y diles: "¡Huesos secos, escuchen la palabra del SEÑOR! Así dice el SEÑOR omnipotente a estos huesos: 'Yo les daré aliento de vida, y ustedes volverán a vivir. Les pondré tendones, haré que les salga carne, y los cubriré de piel; les daré aliento de vida, y así revivirán. Entonces sabrán que yo soy el SEÑOR'"» (vv. 4–6).

Dios podía haberlo hecho él mismo, pero le dijo a su siervo que profetizara. Anímate a profetizar sobre los huesos secos que rodean tu vida. Mientras Ezequiel hacía lo que Dios le dijo, se escuchó un ruido que sacudió la tierra, y los huesos comenzaron a unirse entre sí. Aparecieron tendones, y les salía carne y se recubrían de piel, ¡pero no tenían vida!

Entonces el Señor dijo: «"Profetiza, hijo de hombre; conjura al aliento de vida y dile: 'Esto ordena el SEÑOR omnipotente: Ven de los cuatro vientos, y dales vida a estos huesos muertos para que revivan'". Yo profeticé, tal como el SEÑOR me lo había ordenado, y el aliento de vida entró en ellos; entonces los huesos revivieron y se pusieron de pie. ¡Era un ejército numeroso!» (vv. 9–10).

¿Has dejado morir el sueño que Dios te ha dado? ¿Lo has enterrado y tienes un sepulcro en lugar de una visión? ¿Tu matrimonio ya no tiene vida? Dios te dice que te llevó a esa crisis, a ese valle de huesos secos, que seguirán secos hasta que te pares en medio de la muerte y profetices mirando los documentos que no puedes pagar o la carta del banco que te quiere quitar la casa. Ve a la puerta de la compañía que va a cerrar y profetiza que las puertas se abrirán solo porque tú estás allí.

El valle a causa de la unción

El tercer y último valle es a causa de la unción. David había sido ungido rey y eso desató un nuevo gigante sobre su vida.

«Al enterarse los filisteos de que David había sido ungido rey de Israel, subieron todos ellos contra él; pero David lo supo de antemano y bajó a la fortaleza. Los filisteos habían avanzado, desplegando sus fuerzas en el valle de Refayin, así que David consultó al SEÑOR: —¿Debo atacar a los filisteos? ¿Los entregarás en mi poder? —Atácalos —respondió el SEÑOR—; te aseguro que te los entregaré» (2 Samuel 5.17–19).

Los filisteos avanzaron desplegando sus fuerzas en el valle de Refayin, que significa «gigantes». Pero al enterarse de que David había sido ungido, los enemigos decidieron atacarlo en el valle. Cuando recibo de parte de Dios esa unción, cuando Dios me habla y declara palabra sobre mí, parece que el diablo se enoja más. Así opera. Cuando el enemigo se entera de que estás ungido, hará lo posible por matar la profecía.

Seguramente conoces la historia de *Terminator*, la famosa película. Se trata de unas máquinas que dominan la tierra, la destruyen y toman control de la humanidad. La compañía que maneja esas máquinas se llama *Skynet* y los robots que tratan de manejar a la humanidad, esos androides, se llaman *Cybor*.

Pero los Cybor tratan de eliminar al que va a liderar la resistencia en el futuro, Jon Connor, el hijo de Sara Connor. Aunque la historia de ficción le pertenece a James Cameron, me sorprende la relación que tiene con las historias bíblicas, te diré la razón. Jon Connor va a liderar la resistencia y se va a oponer al control de los Cybor en la tierra. Irá en contra del monopolio de Skynet. Como sabes, envían una máquina al pasado para matar al niño, a Jon Connor, antes de que se haga hombre. Tienen que matarlo para que nunca lidere la resistencia, porque saben que si crece, será un individuo peligroso.

Cuando vi esa película no pude dejar de relacionarla con lo que pasa en el ámbito espiritual. En tres ocasiones el diablo quiso matar una generación. La primera fue cuando Faraón dijo: «Maten a todos los niños varones que nazcan», porque el diablo sabía que de esa generación nacería Moisés, el libertador de Israel. Y pusieron al niño en un canastito, salvaron su vida y fue criado en Egipto como un príncipe, en terreno del enemigo. Pero Faraón, el rey de Egipto, había dado la orden de que todos los niños murieran.

La segunda ocasión fue cuando Herodes dijo: «Eliminen a todos los niños menores de dos años», porque sabía que el Mesías acababa de nacer. Si lograban eliminar a todos los niños, entre ellos estaría el líder de la resistencia, nuestro Señor Jesucristo, a quien había que impedir que llegara a la cruz y que resucitara.

Finalmente, la tercera ocasión es hoy mismo, cuando el gobierno aprueba la ley de aborto y dice que un feto no tiene derecho a vivir. El diablo sabe que si logra matar a miles de niños a través del aborto, estará eliminando a los líderes de la resistencia. Satanás sabía que si lograba que mi mamá abortara, porque le había aparecido un cáncer junto con el embarazo, entre otras cosas hoy yo no estaría inspirando a una multitud.

Muéstrenme un hombre que sane enfermos, que libere los endemoniados en el nombre de Jesús, y yo les mostraré un hombre que está bajo fuego a causa de la unción. La vida de un siervo de Dios no es fácil. Ustedes no quieren tener las presiones, las tentaciones ni los ataques que yo tengo. Pero vale la pena el esfuerzo. Porque sé que cada valle que me toca atravesar es a causa de la unción. El mismo Espíritu Santo que protegió a Moisés es el que protegió a Jesús, y es el mismo que te protegerá a ti de ese valle, de esos filisteos que te quieren hacer la guerra.

¿Estás en crisis? Bienvenido a mi mundo. Es a causa de la unción. Nuevo nivel espiritual, nuevo demonio asignado. Es a causa del poder de Dios, de la profecía, de lo que Dios quiere hacer en ti. Ese es el último valle y el mejor de todos. Porque en el valle de las lágrimas, el de la vida real, tendrás que llorar. Eso es parte de la vida. El segundo valle es cuando estás para soplar vida. Es un desafío, pero no es tan fascinante como el tercer valle, que «al enterarse de que David fue ungido, los filisteos se levantaron». Cuando el diablo escucha que Dios te va a ungir, sabe qué sucederá, porque Dios no es hombre para mentir. Y verás que los gigantes se levantan a causa de la profecía. Cualquiera sea el valle por el que estés atravesando, este es el día en el que Dios te dice: «No estás solo».

CAPÍTULO 2

EL ASOMBROSO PRINCIPIO
DE GAMALIEL

En estos últimos años, Dios me regaló la oportunidad de entablar una relación de amistad muy estrecha con el evangelista Morris Cerullo, al punto de pasar hasta cinco horas hablando respecto al ministerio, la vida y los sueños a futuro. Recuerdo estar en sus oficinas en San Diego, California, y mientras compartíamos un delicioso sándwich de pavo, le dije: «Morris, si solo pudiera darme un consejo para nuestro ministerio, uno solo, algo que debería saber y atesorar por el resto de mi vida ¿cuál sería?». El hombre me observó en silencio por unos interminables dos minutos. «¿Estás seguro de que quieres escucharlo?» —dijo y agregó—: «Muchos me han hecho esa pregunta, pero no están listos para la respuesta». Morris hizo otra larga pausa, se acercó a mi oído y murmuró: «Solo mantente enfocado... mantén el rumbo por el resto de tu vida, no pierdas tu norte, mantente enfocado, ¿me oíste, hijo?».

«Mantente enfocado», esas palabras resonaron durante las siguientes dos semanas en mi mente y me motivaron a predicar este sermón que según me dicen, fue uno de los más aleccionadores y que sirvió de brújula y aliento para aquellos que tenían deseos de rendirse.

Este mensaje fue predicado en septiembre de 2012 en el Anaheim Convention Center, a solo dos semanas de aquella charla con Cerullo.

Existe un extraordinario episodio del libro de los Hechos. La Biblia narra que había muchas señales y maravillas entre los seguidores de Jesús. Cada día se añadían más creyentes. Sacaban a los enfermos a las calles para que cuando Pedro pasara, aunque fuese su sombra cubriese a alguno de ellos y fuera sano. Aun venían de ciudades vecinas trayendo enfermos y atormentados; y todos eran sanados.

Al ver que todo eso estaba ocurriendo, la iglesia de aquel entonces, la religión organizada, se puso celosa. Tenían una tradición, una liturgia que debían respetar. Pero no había poder en ellos porque no tenían la presencia de Dios. Entonces el sumo sacerdote y los saduceos se levantaron, arrestaron a los apóstoles que estaban haciendo milagros y los llevaron a la cárcel pública para que no predicaran más. Pero un ángel del Señor, por la noche, abrió la puerta de la cárcel y los sacó. El ángel les dijo: «Vayan al templo y sigan hablando de todas estas cosas».

Al día siguiente, cuando el sanedrín mandó a buscar a los discípulos, no los encontraron, por lo que dijeron: «Fuimos a la cárcel, estaba cerrada con toda la seguridad, afuera estaban los guardias de pie cuidando, pero cuando entramos, no había nadie. No sabemos cómo sucedió, pero se escaparon. Los guardias dicen que no vieron salir a nadie. Creemos que hubo un doble milagro. No solo los ángeles abrieron la puerta, sino que sacaron a los discípulos de Jesús a través de las paredes, algo que solo Dios puede hacer. Los apóstoles fueron transportados».

Pero... ¿a dónde fueron? Mientras el sumo sacerdote no salía de su asombro, vino alguien que le dijo: «Anoche estaban en la cárcel, pero recién los hemos visto en el templo, predicando otra vez». Los sacerdotes se llenaron de odio, pero no podían avanzar con violencia porque el pueblo amaba a los discípulos de Jesús.

Cuando la presencia de Dios es evidente, la gente la reconoce y dice: «Esto no es cosa de hombres. Dios está aquí». Así que sin violencia, sin que nadie lo notara, volvieron a arrestarlos frente al sumo sacerdote, que exigía que le explicaran cómo habían sido liberados de la cárcel, y cómo se animaban a predicar a Cristo, a hacer milagros y a resucitar muertos, cuando lo tenían prohibido. No estaban autorizados para hacerlo. Sus credenciales no estaban políticamente validadas por las autoridades religiosas.

Es entonces que en ese nuevo encuentro los religiosos pretenden explicarles y aclararles que debían dejar de predicar para que todo ese mover se terminara. Pero Pedro respondió: «Nosotros obedecemos a Dios antes que a los hombres. El Dios de nuestros padres levantó a Jesús, a quien ustedes mataron colgándolo en el madero. Así que vamos a seguir obedeciendo a Dios y no a los hombres».

La Biblia relata que los religiosos querían matarlos ahí mismo. Pero un rabino con estudios y conocimiento, llamado Gamaliel, presentó una magnífica interpelación.

Gamaliel no era simplemente un recién venido, un audaz, sino alguien que iba a esgrimir un principio bíblico, y que si aparece en nuestras biblias es porque Dios también quería que lo fuera para nosotros. Aunque esos hombres no formaban parte de su equipo ni eran sus discípulos, Gamaliel dijo algo lleno de sabiduría en defensa de ellos:

«Hombres de Israel, piensen dos veces en lo que están a punto de hacer con estos hombres. Hace algún tiempo surgió Teudas, jactándose de ser alguien, y se le unieron unos cuatrocientos hombres. Pero lo mataron y todos sus seguidores se dispersaron y allí se acabó todo. Después de él surgió Judas el galileo, en los días del censo, y logró que la gente lo siguiera. A él también lo mataron, y todos sus secuaces se dispersaron. En este caso les aconsejo que dejen a estos hombres en paz. ¡Suéltenlos! Si lo que se proponen y hacen es de origen humano, fracasará; pero si es de Dios, no podrán destruirlos, y ustedes se encontrarán luchando contra Dios» (Hechos 5.35–39).

Inicialmente los religiosos aceptaron su consejo, pero después llamaron a los apóstoles, los azotaron, les ordenaron que no hablaran en el nombre de Jesús y luego los soltaron.

El principio de permanecer

En su presentación Gamaliel mencionó a Teudas y a Judas el galileo, y dejó entrever cuántos más como ellos se habían levantado antes. En otras palabras, ¿cuántos intentaron fundar iglesias diciendo: «Dios nos mandó a establecer su templo. Dios nos mandó a tomar la ciudad». Pero... ¿qué ocurría después? Como el proyecto era de los hombres y no de Dios, se disolvía. Cuando era únicamente fruto de las intenciones personales de los hombres, aunque parecía que nacía de la noche a la mañana con la fuerza de un tsunami... pronto desaparecía.

Es por eso que Gamaliel dijo: «Tenemos ejemplos de personas que tenían seguidores, pero terminaron matando al líder y los seguidores fueron dispersados. Eso fue el resultado de la actividad de los hombres sin que Dios formase parte de ese plan». Y continuó diciendo: «Pero si esta obra es de Dios... Si este mover fuera generado en el trono de la gracia... Si estas fueran las primeras aguas frescas que descienden del trono para alcanzar la ciudad... ¡Cuidado con oponerse! Salgan del camino. No se metan con ellos, no sea cosa que estemos resistiendo a Dios y su obrar».

Estas son casi las mismas palabras que dice la mujer de Pilato ante el juicio de Jesús: «No te metas con ese justo, pues por causa de él, hoy he sufrido mucho en un sueño» (Mateo 27.19). Gamaliel sembró miedo en el sanedrín. «Yo no quiero tener problemas con Dios si esto viene de él. Ahora... si no es de Dios, perecerá en el camino». Las palabras resonaban en sus oídos. Este es el principio extraordinario de Gamaliel: la permanencia.

En términos de sociedad nos está faltando «permanencia». Estamos cansados de ver matrimonios que duran lo que un suspiro. Cansados de ver noviazgos que duran hasta la primera relación sexual y luego él la abandona como material desechable.

Cansados de ver a una sociedad donde todo es cambio, hasta la misma moda de la indumentaria. Hace un tiempo se usaba el pantalón de tiro alto, después de tiro bajo y luego comenzaron a usarse caídos, ¡al punto tal que se les ve el calzón! La nueva moda llegó y ya no sabes qué hacer con toda la ropa que compraste del estilo anterior...

Al vivir en medio de una sociedad con cambios tan radicales, tan bruscos, lo que menos tenemos arraigado es el sentido de la permanencia, de la durabilidad, en todos los órdenes de la vida.

Debo reconocer la permanencia y la fe de aquellos héroes de Dios que en toda situación y circunstancia se mantuvieron firmes, aun en medio de la persecución, y es por eso que necesito «honrar su trayectoria ministerial al haber permanecido».

Uno de ellos ha sido el reverendo Omar Cabrera, un hombre de Dios que actualmente está en la presencia del Señor, y del cual fui amigo en los últimos años de su vida. Él me dio un tremendo consejo: «Para permanecer en el ministerio tienes que lograr tener piel de rinoceronte. Voy a orar que Dios te guarde hasta que te consigas tu propia piel. Hasta que Dios te la forme». Imagina mi asombrada respuesta: «¿Por qué piel de rinoceronte?». Su contestación expresada a través de una sonrisa fue: «Porque acá hay que aguantar. No se trata de una carrera de cien metros, sino de un maratón de resistencia, en el que hay que permanecer, hay que durar».

A veces la propia vida suele ser errática. Tenemos picos de montes y a veces de mesetas. Hay otras temporadas que no queremos salir de la cueva. Así es la vida espiritual. Ningún predicador puede decirles que todo tiempo es de victoria en victoria, porque no lo es.

La vida no siempre es gozo. Quienes están en un momento de duelo y dolor, no pueden estar necesariamente con gozo. Vivimos diferentes situaciones y circunstancias que debemos atravesar y quizás no podemos celebrar con gozo y alegría, pero forman parte de la vida y del crecimiento.

Escuché a un gran evangelista reconocido mundialmente decir: «Cuesta treinta años hacer un éxito de la noche a la mañana». Pero el verdadero éxito es siembra, es oración, es trabajo duro. Son semillas que tuvieron que morir.

No podemos pretender la gloria del Jordán sin los treinta años de carpintería. Jesús estuvo treinta años en una carpintería trabajando, para luego servir solo tres ministerialmente. Nosotros pretendemos prepararnos tres años y servir treinta. Debemos saber que muchas veces hay veinte o treinta años de desarrollo silencioso, donde una semilla fue sembrada, quedó bajo tierra y luego murió.

Observaba a mi papá sembrar tomates y pepinos en la huerta que teníamos en el fondo de casa. Lo veía abrir la tierra, poner la semilla, cubrirla nuevamente y una vez enterrada, la semilla moría. Pero si al día siguiente veías la tierra que se había trabajado, no notabas nada. Sin embargo, mi padre al vernos caminar cerca decía: «¡No me pisen la huerta!». Aunque nosotros no veíamos nada, todo estaba gestándose debajo de aquella tierra.

Tanto tú como yo nunca podemos saber dónde, cuándo, en qué momento nuestra semilla va a germinar. Eso se llama longevidad, permanencia. Este es el principio de Gamaliel. Todo lo que Dios hace siempre permanece, aun cuando ante nuestros ojos humanos parezca que no resultó, que no tiene sentido. Pero déjame asegurarte que aunque no veamos nada, si tiene fruto es porque fue inspirado por Dios. Tarde o temprano recibirás tu cosecha. No podrás detenerlo. Es más, nadie se atreverá a oponerse porque se hallarán resistiendo al Señor.

La Biblia dice: «No se angustien por el mañana, el cual tendrá sus propios afanes. Cada día tiene ya sus problemas» (Mateo 6.34). Debes vivir el hoy sin pretender resolver los conflictos del mañana, ni celebrar los logros del mañana. Tienes que enfocarte en el hoy. Pero la Palabra también nos da equilibrio para planificar lo que va a venir. Sembrar para el futuro. Porque... «¿Qué hombre antes de construir una torre no se sienta primero y ve si tiene lo necesario para terminarla? ¡No sea que cuando comience, no la logre terminar y sea una torre sin acabar!». El Señor es un Dios de planificación. Él hace cosas hoy que dan frutos mañana.

Suelo ir algunas mañanas a orar a nuestro «Monte de oración» y escucho a algunos hermanos rogando: «Señor, te pido por favor que bendigas al pastor Dante y a su familia, que lo guardes y lo cuides cada día». Después uno va por la vida y tal vez evita un accidente, una tragedia que no llega a ocurrir. Todo a causa de una persona que sembró una semilla temprano en la mañana. Esa oración fue guiada por el Espíritu Santo. Por consecuencia, el principio de Gamaliel está operando en ella. Si esa oración es de Dios, permanece y sigue resonando por la eternidad.

La estadística dice que el setenta por ciento de los ministros abandona el ministerio antes de los cuatro años de haberlo iniciado. Y que el veinte por ciento no llega a los siete años. La mayoría de los pastores renuncian antes de producir el máximo impacto en el ministerio.

Los porcentajes de esta estadística son alarmantes. Con ella confirmamos que el principio de permanencia de Gamaliel disminuye el impacto de los fracasos que existen a diario. Porque cuando uno sabe que aquello que llevamos en nuestro corazón nació de Dios, eso nos da paz y seguridad. Y así en todo lo que emprendas, ya sea una empresa, un ministerio, una familia. Si algo nace de Dios, permanece.

Cuando me invitaron a hacerme cargo del servicio hispano de la *Catedral de Cristal*, consideré fundamental no solamente orar antes de responder, sino también buscar el consejo de mi pastor. Le conté todo lo que me ofrecían. Y su respuesta fue la siguiente: «Eso es irrelevante. Pueden ofrecerte muchísimo dinero, pero tú no estás buscando empleo. Lo que tienes que preguntarte es si Dios te manda a hacer eso. Porque si es así, la obra permanecerá».

Algunos preguntan si los avivamientos como los de Azuza o los de Pensacola, que duraron tres, cuatro, cinco años, fueron impulsados por Dios con propósito de permanencia. Déjame decirte que aunque ese mover se terminó, el avivamiento continuó. Las iglesias pentecostales nacieron de un movimiento que comenzó en una bodega, con un hombre de color orando, clamando por milagros. Aunque duró muy pocos años, nació de allí el gran movimiento carismático que perdura hasta hoy, y seguirá hasta que Cristo venga, porque lo que Dios hace nunca se acaba.

El principio de Gamaliel nos pone en perspectiva

Me es imposible recordar algún momento en mis tantos años de ministerio en que no tuve que enfrentar el desánimo. Pero un fracaso no puede hacer que detengas el reloj en ese momento y te quedes allí. Cuando eso sucede en un momento de desánimo, nos paralizamos por años.

Muchas veces he examinado las estadísticas de algún domingo o de alguna cruzada, y aunque el resultado parece desalentador, cuando contemplo ese día en particular a la luz de años de ministerio, el cuadro comienza a cambiar. Quiero transcribirte esta historia asombrosa que alguna vez leí y que incluí en mi libro *Destinado al éxito*.

Hubo una vez un rey que dijo a los sabios de la corte: «Me estoy fabricando un precioso anillo. He conseguido uno de los mejores diamantes posibles. Quiero guardar dentro del anillo algún mensaje que pueda ayudarme en momentos de gran desesperación, que ayude a mis herederos y a los herederos de mis herederos, para siempre. Tiene que ser un mensaje pequeño, de manera que quepa debajo del diamante del anillo».

Todos los que escuchaban eran sabios, grandes eruditos; podrían haber escrito grandes tratados, pero darle un mensaje de no más de dos o tres palabras que le pudieran ayudar en momentos de desesperación total era un poco extraño.

Pensaron, buscaron en sus libros, pero no podían encontrar nada.

Mas en la corte había un anciano que servía al rey y que también había servido a su padre. Cuando la madre del rey murió, este sirviente cuidó de él, por tanto lo trataba como si fuera de la familia. El rey sentía un inmenso respeto por el anciano, de modo que también lo consultó. Y este le dijo: «No soy sabio, erudito ni académico, pero conozco el mensaje. Durante mi larga vida en el palacio, me he encontrado con todo tipo de personas. En una ocasión conocí a un hombre que era invitado de tu padre y estuve a su servicio. Antes de partir, y como gesto de agradecimiento, me dio este mensaje —el anciano lo escribió en un diminuto papel, lo dobló y se lo dio al rey—. Pero no lo leas —le dijo— mantenlo escondido en el anillo. Ábrelo solo cuando todo lo demás haya fracasado, cuando no encuentres salida a la situación».

Ese momento no tardó en llegar. El país fue invadido y el monarca perdió el reino. Huyó a caballo para salvar su vida mientras sus enemigos lo perseguían. Estaba solo y los perseguidores eran numerosos. Llegó a un lugar donde el camino se acababa y ya no había salida. Frente a él había un precipicio y un profundo valle. Caer por ahí sería el fin. Pero ya no podía regresar, porque el enemigo le cerraba el camino. De lejos podía escuchar el trotar de los caballos. No podía avanzar y no había otra salida... De repente, se acordó del anillo. Lo abrió, sacó el papel y allí encontró un pequeño mensaje tremendamente valioso. Simplemente decía: «*Esto también pasará*».

Mientras lo leía sintió que se cernía sobre él un gran silencio. Los enemigos que le perseguían debían haberse perdido en el bosque o haberse equivocado de camino, pero lo cierto es que poco a poco dejó de escuchar el trote de los caballos.

El rey se sintió profundamente agradecido al sirviente y a aquel sabio desconocido. Aquellas palabras habían resultado milagrosas. Dobló el papel, volvió a ponerlo en el anillo, reunió a sus ejércitos y reconquistó el reino. El día que entraba victorioso en la capital de su reino hubo una gran celebración con música y baile, él se sintió muy orgulloso de sí mismo.

El anciano, que estaba a su lado en el carro, le dijo:

—Este también es un momento adecuado: Vuelve a leer el mensaje.

—¿Qué quieres decir? —preguntó el rey—. Ahora soy victorioso, la gente celebra mi vuelta, no estoy desesperado, no me encuentro en una situación sin salida.

—Escucha —dijo el anciano—. Este mensaje no es solo para las situaciones de crisis, también lo es para las placenteras. No es solo para cuando estás derrotado, también es para cuando te sientes victorioso. No es solo para cuando eres el último, también es para cuando eres el primero.

El rey abrió el anillo y leyó el mensaje: «Esto también pasará», y nuevamente sintió la misma paz, el mismo silencio, en medio de la muchedumbre que celebraba y bailaba, pero notó que el orgullo y el ego habían desaparecido. El rey pudo terminar de comprender el mensaje. Se había iluminado.

Entonces el anciano le dijo:

—Recuerda que todo pasa. Ninguna cosa ni ninguna emoción son permanentes. Como el día y la noche, hay momentos de alegría y momentos de tristeza. Acéptalos porque son la naturaleza misma de las cosas.

Amigo, amiga, la vida no es únicamente tu momento feliz de graduación ni tu primera relación sexual. Tampoco lo es tu primer hijo. La vida no se trata del día que predicaste, del día de las mariposas en el estómago con tu primer beso o de cuando te jubilaste. La vida es eso y todos los días comunes que conforman el collar de una buena existencia. Ata un día común con otro y lograrás una buena vida. Cuando llegues a anciano no recordarás solo las fotos del álbum, sino que verás toda tu vida conformada por un montón de fracasos, de victorias, de tristezas y de alegrías. Esto es lo que el Señor quería enseñarnos cuando dijo: «Por lo tanto, no se angustien por el mañana, el cual tendrá sus propios afanes. Cada día tiene ya sus problemas».

La victoria final de la guerra es aquello que opacará las batallas que habremos perdido o ganado en el trayecto. Eso es la vida.

El principio de Gamaliel nos ayuda a no rendirnos

Me avergüenza admitir que me sentí devastado durante unos cinco años por una delicada prueba. Mi vida nunca fue una continua unción, aunque Dios siempre me bendijo. ¡He llorado noches enteras con Liliana! Decepciones, traiciones en el ministerio, dolor, injusticias, falsos testimonios, murmuración, crítica. Puedo hilvanar días y días grises de llorar y sentirnos solos. Pero entonces he tenido la sabiduría de entender lo que Gamaliel trató de decir: «Déjenlos, si es de Dios, seguirán adelante». Esos días grises no me impidieron seguir caminando. Ni las victorias hicieron que detuviera el reloj en aquella gran cruzada que vivimos. Sé que mi vida seguirá hacia adelante. Hoy la experiencia tiene otro sabor. Los años han filtrado los sentimientos para dejar los hechos objetivos, la emoción para dejar la realidad.

Algún día, cuando pasen los años y peine canas, veré la vida que he vivido y estaré tranquilo de haber invertido mis años en servir al Señor, y lo bueno de todo esto es que nada me habrá detenido.

Pero, ¿qué habría sucedido si me hubiera rendido? ¿Qué habría sucedido si el dolor hubiera obstruido mi perspectiva a largo plazo? ¿Y si hubiera llegado a la conclusión de que ya no servía? Hubiera permitido que un momento me robara lo que había recibido durante décadas. Dios todavía tenía planes más grandes para mi vida y la de mi familia. Dios llenó de promesas la Biblia diciendo: «Mis planes no han cambiado», «Irrevocables son mis dones y mi llamado». Entonces, todo lo que permanece de Dios lleva un tiempo. Dios sabe cómo no abortar una visión. Por eso te tiene en espera todavía, y te dice: «Aún no es tu tiempo. No te apures. Disfruta tu carpintería, para que cuando llegues al Jordán, llegues sólido». Tienes que permanecer.

Como dice un conocido autor: Soy partidario de los llamados a largo plazo. Me duele cuando veo que un ministro talentoso presenta una renuncia prematura.

Pensemos por un momento en José, ¿qué hubiese ocurrido si se hubiera rendido en Egipto? Pero no lo hizo. Moisés tampoco, al igual que Eliseo tras la unción.

El principio de Gamaliel genera influencia

¿Cómo se genera la influencia? Se genera creando confianza en la permanencia. Por ejemplo, ¿qué tiene que hacer un novio para que su novia se rinda a sus pies cuando él le pregunte: «¿Quieres casarte conmigo»?: Haber creado confianza.

Siempre les digo a los muchachos que no se apuren durante el noviazgo. También les digo a las muchachas que no acepten el pedido de las «pruebas de amor», no lo van a atrapar porque le den sexo. Por el contrario, no solo van a pecar, sino que si no te respeta ahora, nunca más te respetará. Y agrego: «Si hoy no puede tener los pantalones arriba, tampoco los tendrá luego de haberse casado». Hazte respetar. La influencia requiere más que longevidad. La influencia es inconstante, puede disminuir y perderse. Solo el tiempo establece y solidifica la confianza. La influencia es: «No conocemos al pastor Dante, pero hemos conocido a los miembros de su iglesia». La influencia de un pastor puede medirse por el impacto en la gente de la congregación y en la comunidad.

El principio de Gamaliel genera solidez

¿Es posible establecer una sólida relación sin el beneficio del tiempo? Obviamente que no. Cuando creas confianza en el noviazgo, entonces vas camino al matrimonio. Y en el matrimonio tienes que continuar promoviéndola.

Y la confianza sirve para todos los vínculos relacionales, también en lo ministerial. Ver si la persona con la que sirvo crea confianza en mí. Si ese líder estará conmigo en todo momento y circunstancia. ¿Puedo confiar en esa persona? Es por eso que siempre les pregunto: «¿Te envió Dios? ¿Tienes el llamado para estar aquí?». Porque si tu respuesta es que la iglesia te queda cerca o porque el predicador te cae simpático... con el tiempo, a la hora de la crisis, todos esos argumentos son endebles. Lo único que te va a mantener es el llamado. Porque lo que no es atraído por la presencia de Dios, será atraído por algún artista en la vereda del frente. Siempre el césped del vecino parece más verde del otro lado de la cerca.

Es por eso que deseo que el principio de Gamaliel esté en tu matrimonio, en tus finanzas, en tu casa. Conozco a muchos que abandonan y los hijos tienen que recoger los pedazos de una familia destrozada. Muchos abandonan el ministerio y los congregantes tienen que recoger los pedazos de una visión abortada. La visión tiene que permanecer. No depende de un movimiento en derredor de un hombre, porque tiene derecho a enfermarse o irse de vacaciones. El mover de Dios es más grande que cualquier ministerio personal. Eso no se trata de un hombre, de una iglesia, se trata de algo mayor. Porque cuando los años pasen, la gente también olvidará mi nombre, y eso está muy bien, porque la gloria le pertenece a Dios.

El principio de Gamaliel trae compromiso

En una cultura en la que el cambio radical es la norma, es esencial que las personas encuentren estabilidad y constancia en su iglesia. Mi compromiso es que nunca permitiré que lo sagrado se vuelva común. Y eso será congruente.

Si temes que tu matrimonio se destruya. Si no sabes cómo construir una buena paternidad, o iniciar una compañía porque temes endeudarte, tengo una palabra de Dios para ti: El magnífico principio de Gamaliel. Si es de los hombres, ¿qué sentido tiene continuar? Mejor huir. Es mejor terminar lo más pronto posible, hacer el luto, el entierro y avanzar. Pero si es de Dios, nadie lo podrá detener. Ni siquiera tú.

Haz un compromiso con tu hijo de constancia y continuidad. Dile: «Hijo, nunca jamás te levantarás de la cama en la mañana y verás que papá se fue. Mi compromiso contigo, el mejor regalo que te puedo dar, es que sepas que nunca abandonaré a tu madre, siempre estaré aquí en las buenas y en las malas». Ese es un compromiso de longevidad, de permanencia junto a tus hijos.

Si tienes un llamado, y estás en un momento de debilidad, dile al Señor: «Dios mío, reconozco que soy un desastre, que lucho una y otra vez, pero te doy mi palabra de honor que moriré como un gladiador, peleando. Siempre yendo para adelante. Voy a ser como el junco que se dobla por el viento, pero siempre permanece y se vuelve a levantar. Señor, puedes contar conmigo hasta el último de mis días». Haz ese compromiso de continuidad con Dios.

Amigo, quizás en tu vida haya una cadena de días comunes, muchos de ellos grises, pero debes saber que Dios siempre estará a tu lado. Puedes buscar su rostro y tener paz al confirmar que aquello que has emprendido es de Dios y nadie te podrá detener. Dios está contigo. Y así como aquel amado siervo de Dios me enseñó que para sobrevivir en el ministerio necesitaría tener piel de rinoceronte, oro por tu vida y declaro, al igual que lo declararon sobre mí: «Dios te guarde, hasta que tengas tu propia piel de rinoceronte».

CAPÍTULO 3

FUEGO EXTRAÑO

La primera vez que prediqué este sermón devino un escándalo. A principios de diciembre del año 1997 fui invitado a una conferencia pastoral muy importante en Argentina (que no mencionaré por razones obvias) en la que el lema de la convocatoria giraba en torno a que la iglesia estaba viviendo un «gran avivamiento» y una «histórica cosecha de almas»; en efecto, varios contingentes de líderes y pastores del exterior llegaron al lugar para hacerse eco del congreso profético. Luego que cada uno de mis colegas hiciera un gran despliegue de sermones y palabras proféticas que afirmaban este hecho, llegó mi turno y prediqué este mensaje. Debo decir que muchos lloraban en la presencia de Dios y algunos aún recuerdan aquel sermón que nos confrontó con el verdadero fuego de Dios.

Minutos después de predicar, el anfitrión me ordenó que me retirara de inmediato de su congreso diciéndome: «¡Lo que acabas de decir no tiene nombre! ¿Cómo vas a insinuar que algunos líderes estamos ofreciendo fuego extraño delante de Dios? Nunca te recomendaré y puedes estar seguro de que yo mismo me ocuparé de cerrarte las puertas en Estados Unidos», me amenazó, como si se tratara de Noé cerrando la puerta del arca.

Apenas veinte días después, hice una cruzada para jóvenes en el estadio River de Buenos Aires por primera vez y, luego de algunos meses, Dios abría las puertas de las naciones, incluyendo Estados

Unidos, en donde años más tarde me convocaron para ser el pastor de la Catedral de Cristal en español, actualmente FavordayChurch, una de las congregaciones hispanas de mayor crecimiento.

Le agradezco al Señor no haber diluido el mensaje aquella vez y estoy feliz de haberlo incluido como uno de los capítulos del libro que compartí con Lucas Leys, Asuntos internos (Editorial Vida).

De tanto en tanto los cristianos somos partícipes involuntarios de las nuevas oleadas que estremecen la cotidianeidad del reino. Las teologías novedosas, los ministerios extravagantes, los nuevos métodos de crecimiento o las tendencias musicales polarizan la mayoría de las congregaciones, en las que el ministerio que no se ajusta a la moda definitivamente quedará arcaico o, lo que es peor, será catalogado con alguna frase mesiánica del tipo «está en contra del mover de Dios».

Recuerdo cuando en los años ochenta todo se demonizó y cualquier situación merecía el título de «tiene el espíritu de tal cosa». La haraganería, la simple soltería, la rebeldía o el simple hecho de cambiarse de iglesia significaban que se trataba de un espíritu territorial que había poseído a la persona en cuestión y necesitaba liberación.

Los cristianos salimos de cacería de brujas (no sé por qué razón de vez en cuando nos encanta hacerlo) y hasta era divertido descubrir que «el creador de los Pitufos había hecho un pacto con el diablo», que «las canciones de la célebre brasileña Xuxa estaban inspiradas en el infierno» y hasta fuimos por más: la consigna era tomarse el trabajo de voltear las cintas de los casetes cristianos para descubrir con horror que aquello que al derecho decía: «Cristo te alabo», al revés parecía decir: «Obala et otsirc... uci... er..., uci... er». ¿Acaso eso último querrá decir «Lucifer» al revés? No estábamos del todo seguros, pero ante la duda, no faltaron quienes salieron a ofrecer seminarios en los que podíamos escuchar con nuestros propios oídos las incongruencias de alguien cantando al revés y donde cada uno podía entender lo que quisiera, para luego quemar cada casete sospechoso de tener algún contenido subliminal, ya que supuestamente algunos cantantes habían hecho un pacto diabólico para vender más de trescientas copias (porque que recuerde, nadie en aquella época se alzó con un disco de platino, así que si hubiese sido verdad aquello del pacto diabólico, ni siquiera valió la pena el esfuerzo de grabar al revés o bien Satanás no cumplió con su parte).

Luego llegó la unción, las caídas en masa y, como un efecto colateral, las conferencias dedicadas a las tomas de ciudades y la cartografía espiritual. Decenas de ministros foráneos llegaron para enseñarnos cómo hacer que una ciudad entera colapsara bajo el poder de Dios, algunos hasta contrataron un helicóptero para rociar su ciudad con aceite, otros más humildes se conformaban con dar algunas vueltas a la plaza principal y cuando creímos haber descubierto casi todo, fue entonces que comenzó la movida profética. Decretos y profecías eran repartidos a granel en los cientos de congresos proféticos a través de todo el continente, que tiempo después devinieron apostolados.

No tardamos en conocer el «modelo de los doce» a modo de los populares multiniveles de negocios, solo que en vez de vender hierbas digestivas, había que sumar gente y el que no tenía una célula (espiga, barca, barquito, racimo, tribu, casa de paz, hogar, monte, fruto o el nombre que cada iglesia quisiera otorgarle), literalmente estaba en rebeldía con la autoridad. Te conseguías tus doce o estabas fuera.

A la vez y de forma paralela se han movido las tendencias musicales. La alabanza originada en México inundó el continente de la noche a la mañana. Todo el mundo cantaba las mismas canciones detrás de un teclado y me consta haber visto a muchos imitar el tono azteca, solo para estar en la onda. Poco después, y como todo se recicla, llegó una nueva aplanadora desde Australia y entonces todo volvió a cambiar. El teclado pasó a un segundo plano y fue el momento de colgarse una guitarra acústica, vestir unos jean gastados y dejar atrás a los viejos salmistas para darle paso al pop.

Antes que alguien trate de quemarme en una hoguera por el simple hecho de haberme atrevido a tocar algunas «vacas sagradas», quiero dejar en claro que estoy seguro de que la mayoría de esos fenómenos fueron inspirados por el Señor. La demonología existe, las profecías, la unción y los apostolados forman parte de todo el consejo de Dios que merece y debe ser predicado. Lo mismo con la música, estamos agradecidos porque de vez en cuando se renueve el aire y podamos salir de la rutina, de otro modo seguiríamos cantando aquellos viejos himnos tradicionales con los que algunos nos criamos.

Con lo que no podemos estar de acuerdo es con aquello que se transforma en la moda del momento, exacerbándose por encima de todo lo demás.

El punto es que no estamos discutiendo si el Señor realmente se está transfigurando en el monte para mostrar su esplendor apareciendo junto a Moisés y Elías. Eso solo puede ser originado por Dios y no está sujeto a discusión. Lo que no podemos aprobar es la idea de Pedro de construir tres enramadas para quedarnos a vivir allí. No podemos polarizar y mucho menos monopolizar el mover genuino de Dios.

Recuerda que una herejía no es solo aquello que no está en la Biblia, sino también las doctrinas que se sacan fuera de su contexto.

Siempre digo que creo en un Dios que quiere prosperarnos. Pero si por casualidad te congregas en una iglesia donde todo gira en derredor de la prosperidad y cada mensaje apunta solo a eso, es mejor que huyas por tu vida y encuentres una iglesia donde se predique todo el consejo de Dios.

Fuegos no autorizados

Seguramente debes recordar aquel pasaje de Levítico 10.1–3 en el que los hijos de un sacerdote entregaron una ofrenda que desagradó al Señor y que terminó en tragedia.

«Pero Nadab y Abiú, hijos de Aarón, tomaron cada uno su incensario y, poniendo en ellos fuego e incienso, ofrecieron ante el SEÑOR un fuego que no tenían por qué ofrecer, pues él no se lo había mandado. Entonces salió de la presencia del SEÑOR un fuego que los consumió, y murieron ante él. Moisés le dijo a Aarón: "De esto hablaba el SEÑOR cuando dijo: 'Entre los que se acercan a mí manifestaré mi santidad, y ante todo el pueblo manifestaré mi gloria'". Y Aarón guardó silencio». La historia de por sí es aterradora y nos deja sin palabras. Los muchachos ofrecen un fuego extraño, son eliminados al instante y la única reacción del padre es quedarse callado, lo que a las claras denota que no fue un accidente, sino una consecuencia de algo mal hecho.

Siempre me he preguntado cuáles pudieron haber sido las razones por las que Dios se enfadó tanto y por qué a la hora de juzgarlos, no pesaron las buenas intenciones. Cualquiera de nosotros diríamos: «Bueno... es innegable que es un fuego extraño, pero convengamos que por lo menos están haciendo algo para Dios, o lo están haciendo de corazón, que es lo más importante». Pero definitivamente Dios vio más allá de esas escuálidas razones humanas.

Lo primero que se nos ocurre y casi lo más obvio, es que pudieron haber estado en pecado al presentar la ofrenda, esa bien pudo haber sido una razón valedera.

El Señor había sido muy explícito respecto al tema:

«El Señor le dijo a Aarón: "Ni tú ni tus hijos deben beber vino ni licor cuando entren en la Tienda de reunión, pues de lo contrario morirán. Éste es un estatuto perpetuo para tus descendientes, para que puedan distinguir entre lo santo y lo profano, y entre lo puro y lo impuro, y puedan también enseñar a los israelitas todos los estatutos que el Señor les ha dado a conocer por medio de Moisés"» (Levítico 10.8–11).

Aunque esto no sea lo medular del capítulo, no quisiera pasar por alto el detalle de que no podemos pretender ser líderes y jugar con Dios.

Los que conocemos la extrema santidad y gloria de Dios, sabemos también de su extrema peligrosidad. El simple hecho de estar cerca de Dios nos exige un precio a pagar y no estoy hablando de nuestra salvación, que recibimos solo por su gracia. Sino del precio de la santidad para poder tener una comunión íntima con él.

Así como nadie puede estar medio soltero o medio casado, nadie puede ser medio santo o medio pecador. Dios nos exige una integridad absoluta y ofrece la sangre de su Hijo para que podamos alcanzarla.

Una vez escuché a un predicador decir: «Cuando hablo del Dios del Antiguo Testamento siento que estoy predicando de un viejito molesto con muy mal humor que luego en el Nuevo Testamento terminó ablandándose y endulzándose».

Esa es la peor óptica que podemos tener acerca de Dios, él nunca ha cambiado, sus principios son idénticos desde hace millones de años. A diferencia de nosotros, él no se ajusta a las modas de turno.

El mismo Dios de los escuadrones de Israel y de las múltiples batallas es aquel que entró con un azote y volteó las mesas del templo cuando se percató de que muchos no podían entrar con sus ofrendas por el simple hecho de no haber comprado un animal en el mismo lugar o por no tener la moneda correcta. Nunca te confundas, no des por sentado el modelo del «Cristo débil» que nos impuso cierto sector del catolicismo o la industria del cine. El mismo que eliminó a los hijos de Aarón es el que desbarata la cueva de ladrones de los cambistas del templo. El mismo Dios que escribió en la pared de Belsasar es aquel que no permitió que Ananías y Safira le mintieran al Espíritu Santo.

Las páginas blancas que separan a un testamento del otro solo marcan 400 años de silencio divino. Nunca subestimes a Dios suponiendo que se transformó en un pusilánime en el trayecto de Malaquías a Mateo. Porque el día que lo subestimes, dejarás de temerle y un líder sin temor de Dios es la peor catástrofe que le puede suceder al reino.

Brazas de otro lugar

Otra de las razones que pudieron haber desatado la ira de Dios pudo haber sido que el fuego no fuese tomado del altar.

«Luego tomará del altar que está ante el Señor un incensario lleno de brasas, junto con dos puñados llenos de incienso aromático en polvo, y los llevará tras la cortina» (Levítico 16.12).

Si el fuego no era tomado directamente del altar, era considerado extraño.

En todos estos años como evangelista he presenciado decenas de fenómenos espirituales en distintas partes del mundo. He presenciado iglesias donde la gente imita los gestos y los sonidos de distintos animales, congregaciones donde las personas no pueden mantenerse en pie ni por un momento, líderes que no pueden controlar su risa durante horas, gente que da vueltas en círculo hasta marearse y caer estrepitosamente al suelo, entre muchas otras cosas.

Me ha tocado predicar en iglesias donde todos danzan de alegría y otras donde todos lloran desconsoladamente, ansiando el día del rapto. Y aunque se diferencian por denominaciones, doctrinas y hasta culturas, tienen algo en común: todos se adjudican tener «el verdadero mover de Dios».

Con toda esta información adquirida luego de tantos viajes, lo lógico era que al arribar como pastores de la Catedral de Cristal (actualmente FavordayChurch) nos preguntáramos, junto a mi esposa, qué iglesia queríamos tener. La soberanía de Dios tendría la última palabra como era de esperarse, pero nosotros deberíamos tener en claro hacia dónde estábamos apuntando.

Y no tuvimos que pensarlo demasiado, bogamos por una iglesia que tuviera un fuego originado en la genuina presencia de Dios. Sin manipulación humana, sin la intervención de ninguna moda o tendencia doctrinal.

Queremos una iglesia con el genuino fuego del altar. No quiero «ayudar» a que Dios se mueva, no quiero meter mi propio ADN en la visión de la congregación.

En todos estos años he aprendido que lo importante no es caerse al suelo, sino justamente aquello que la gente hace cuando se levanta.

¿De qué nos sirve tener un montón de gente temblando o cayéndose durante el domingo si luego viven en adulterio el resto de la semana? ¿De qué vale tener una multitud de jóvenes danzando en círculos si no pueden ser libres de las redes de la pornografía?

Siempre he mantenido que Dios respeta la estructura emocional de cada persona. En cierta ocasión se definió como «el Dios de

Abraham, el Dios de Isaac y el Dios de Jacob», el mismo Señor pero con un trato diferente para cada uno de sus siervos.

No podemos pretender que el Señor haga lo mismo con todos y mucho menos podemos ser tan negligentes al querer «importar» ciertos movimientos de otros países.

No estoy haciendo un juicio de valores respecto a las formas que cada iglesia pudiera tener para celebrar sus servicios. Estoy seguro de que un cubano no canta igual que un canadiense. Y que un estadounidense no adora del mismo modo que lo haría un dominicano. Pero aun por sobre nuestras culturas, debemos preguntarnos qué produce en nosotros un verdadero cambio de vida.

Necesitamos que nuestras iglesias tengan el fuego genuino de la convicción de pecado de la que le hablaba el apóstol Pablo a la iglesia de Corinto: «Si algún pecador entra a la iglesia, lo oculto de su corazón se hace manifiesto, y postrándose sobre su rostro, adorará».

El postrarse sobre su rostro era una señal de humillación extrema. La importancia no está dada en el hecho de saltar, rugir como un búfalo, temblar, gritar desaforadamente o deslizarse por el suelo de la iglesia como un reptil. Lo medular y lo único realmente importante es que su corazón queda expuesto, lo oculto sale a la luz y solo le resta adorar con una convicción profunda y una necesidad de arrepentimiento.

El carbón del fuego es la vida en secreto

No sé qué estás pensando ahora, pero en lo que a mí respecta, no hay un solo día en mi vida en que no le pida al Señor tener un ministerio así. Una vida de integridad que provenga del fuego originado en su presencia.

Pequeñas fogatas a gusto del cliente

Tal vez no fue la doble vida de los muchachos ni el hecho de que hayan tomado fuego fuera del altar lo que ocasionó sus sentencias de muerte. Quizá se trató de un «ligero» cambio de planes a la hora de preparar la ofrenda.

Dios había sido muy claro respecto a la manera en que debía prepararse: «No ofrezcas sobre ese altar ningún otro incienso, ni holocausto ni ofrenda de grano, ni derrames sobre él libación alguna» (Éxodo 30.9).

Y por si fuese poco, el Señor había determinado hasta el aroma que el incienso debía tener: «un incensario lleno de brasas, junto con dos puñados llenos de incienso aromático en polvo, y los llevará tras la cortina» (Levítico 16.12).

Todos recordamos la tristemente célebre historia de Uza que, de alguna manera, fue la víctima de la negligencia y la subestimación del rey David al intentar traer el arca a Jerusalén a su modo. Una vez más, esto demuestra que cuando Dios traza instrucciones puntuales, las buenas intenciones no logran equilibrar la balanza.

Quizá los hijos de Aarón cometieron el mismo error y pensaron: *«Tal vez podamos preparar el incensario a nuestra manera».* Y si crees que pensar así pudo haber sido una torpeza, echa un vistazo a los fariseos y los judíos que trataban de meter a Cristo en su pequeña caja feliz.

Lo etiquetaban de revolucionario pero, a su vez, afirmaba que había que darle al César lo que le correspondía. Decían que era un simple carpintero, pero dejaba boquiabiertos a los doctores de la ley. Era judío, pero se daba con gentiles. Un rabino que prefería las calles a las sinagogas. Un hombre santo que se codeaba con prostitutas.

Tal vez el hecho de no haber podido etiquetarlo fue la razón por la cual decidieron llevarlo a la cruz. Era más que obvio que ese Mesías que hablaba con samaritanos y sanaba en el día de reposo no era el que estaban necesitando.

Y aún actualmente seguimos con la idea de meter a Cristo en nuestra pequeña cajita que nos hace feliz. Algunos líderes siguen buscando dioses del tamaño que les conviene y tratan de buscarse un Dios cómodo, hecho a su forma, que no moleste demasiado y que se pueda utilizar en algún caso de emergencia.

Así como algunos religiosos llevan a un estampado «dios de bolsillo» que acarician de vez en cuando, un dios de yeso en algún estante o pegado al parabrisas del automóvil para que les ayude a prevenir accidentes, muchos cristianos también hacen sus pequeñas fogatas dedicadas al dios más utilitario ajustado a su conveniencia.

Un predicador nos dice por televisión que si pactamos por determinada suma de dinero vamos a prosperar indiscutiblemente: «Acabo de descubrir el secreto de Dios, lo metí en una cajita y te lo vendo por la módica suma de una siembra de cien dólares si llamas ahora mismo». Lo patético no es el predicador, sino las miles de personas que compran su dios «próspero» de bolsillo.

Un teólogo es más profundo que el anterior ejemplo, pero no menos patético. Luego de extenuantes estudios y seminarios bíblicos, cree que ha logrado reducir a Cristo a un puñado de doctrinas y logró la receta de cómo funciona, piensa y decide Dios.

Y dado que para él Dios es una receta, es obvio que también tenga los ingredientes. Así que todo lo que él no haya estudiado acerca de Dios, no proviene de Dios. A todo lo que él pueda razonar, buscarle una explicación lógica, y si no afecta lo que el estudió, le dará su visto bueno. Todo lo demás es lisa y llanamente apostasía. Sin grises y sin otorgarle el beneficio de la duda a nadie que no comparta su manera de pensar, después de todo, así funciona su pequeña fogata.

Un evangelista que realiza cruzadas de sanidad afirma que tiene la unción para que te sanes y que solo te hace falta tener fe, ese es el único cóctel que produce sanidad, sin más vueltas, eso resulta y posee el ciento por ciento de efectividad. Si asistes a la cruzada y no te sanas, adivina quién fue el que falló. La unción del hombre nunca estará en tela de juicio; Dios quería sanarte, así que para la próxima intenta tener un poco más de fe.

Y así podría seguir con mil ejemplos. El predicador de la televisión no puede decirnos que si damos diez, Dios está obligado a darnos mil. Tampoco el teólogo puede racionalizarlo todo porque Dios no tiene socios. Y el sanador no puede asegurarte un milagro que solo depende de la soberanía de Dios y que, en ocasiones, ni tu fe es la que cuenta.

No podemos clasificar a Dios. No podemos otorgarnos el crédito de saber cómo funciona la receta para «generar» un movimiento divino. No podemos preparar un incensario a nuestro gusto y capricho.

He visto cómo, tristemente, muchos ministros han malgastado el presupuesto de su congregación pagándose boletos de avión a distintas partes del mundo para «traerse» la unción. Lo que Dios decidió hacer con alguien no necesariamente lo repite con el resto. O cómo otros imitan gestos y hasta formas de vestir de quienes admiran al borde de la idolatría (porque no hay otro modo de entender el porqué suponen que la unción estará emparentada con el color del traje).

Dios no es una moda y cada vez que alguien ha querido fabricar movimientos «en serie» ha fracasado rotundamente. No seamos tan necios al querer construir enramadas en donde solo debe haber adoración genuina.

No podemos clasificar al Creador del universo, es imposible que podamos siquiera intentar etiquetar a Aquel que niveló las montañas y alineó los planetas.

Cuando era adolescente recuerdo haber leído un pequeño libro que se llama *Naciste original, no mueras siendo una copia*, y creo que es la frase que mejor se aplica en este momento. Tenemos la obligación espiritual de aceptar el reto de la originalidad demandante de Dios, aquella que se origina en el altar de su presencia.

Todo lo demás, a veces ni califica para ser fuego extraño. En ocasiones termina siendo un simulacro que ni siquiera es fuego, es solo un chiste.

CAPÍTULO 4

CONEXIONES DE ORO

La primera vez que prediqué este mensaje fue en Sidney, Australia. La gente quedaba sorprendida de cómo el Señor había conectado nuestro ministerio con las personas correctas y apenas terminaba el sermón, se acercaba a hacer decenas de preguntas. Al poco tiempo, prediqué este mismo mensaje en Madrid, España, en medio del invierno más crudo que jamás haya conocido. Recuerdo esos dos episodios de mi vida, puesto que al estar tan lejos de casa, recién logré darme cuenta de la dimensión exacta que habían significado ciertas conexiones, mirándolas desde una perspectiva lejana en términos geográficos. Pero, por alguna curiosa razón, nunca prediqué sobre este tema en América, hasta que lo hice en la Catedral de Cristal de Garden Grove durante el mes de agosto de 2011. En estos casi veinticinco años de ministerio, he tenido la providencia divina de estar junto a presidentes, gobernadores y algunas celebridades del cine o la televisión, con la dicha de saber que vieron o escucharon mis sermones en varias ocasiones. Y siempre que he tratado de pensar cómo llegué hasta allí, me di cuenta de que ha sido gracias a ciertos canales de bendición que actuaron como puentes de conexión en el reino de Dios. «Nunca quemes puentes. Nunca subestimes a nadie, porque no sabes con quién más te conectarás», me dijo alguna vez un viejo profesor de castellano, sin saber que hablaba de un gran principio espiritual.

Existe una teoría comprobada en el ámbito de los negocios que nace de un juego de tres estudiantes de Pensilvania. Eran expertos en computadoras y descubrieron esta teoría, que es el núcleo de las redes sociales, por lo que capitalizaron la idea. Así fue que surgió este vínculo mundial a través de las redes sociales.

Esos estudiantes aburridos, un día mientras miraban televisión, se preguntaron en cuántas películas habría trabajado el actor Kevin Bacon. Comenzaron a investigar y descubrieron que en más de una veintena. El siguiente pensamiento fue saber cuántas personas estarían virtualmente relacionadas con ese actor, aunque no hayan actuado directamente con él en una película. Por ejemplo: Kevin Bacon actuó junto a Katherine Zeta-Jones. A la vez, Katherine Zeta-Jones actuó junto a Antonio Banderas en otra película. Por consecuencia, Antonio Banderas está a dos pasos (o a dos grados) de Kevin Bacon. Y así se forma una red social de relaciones. De ahí surge la «Teoría de los seis grados» que estipula que: Cualquier persona del mundo puede conocer a quien sea, a través de solo seis intermediarios, siempre y cuando sean los contactos correctos.

Se dice que de allí fue que Facebook puso en marcha una iniciativa para confirmar esa teoría usando la inmensa red social.

La Biblia es un libro lleno de conexiones divinas que pasan más allá de los seis grados, de los seis pasos. Conexiones increíbles, de una persona en una punta de la tierra a la otra. Dios le dijo a Jacob: «Te tomé de los confines de la tierra, te llamé de los rincones más remotos, y te dije: "Tú eres mi siervo"» (Isaías 41.9). De allí, muy lejos, lo tomó y lo llevó a otra tierra.

Dios hace conexiones que nosotros no sabemos. Pero cuando uno las descubre, es fascinante, porque supera a cualquier red social. Es la red espiritual del cosmos.

Quiero referirme a tres conexiones que están en tu vida para revolucionarte y conectarte correctamente.

Cuando la conexión divina viene de la persona menos probable

Dios quiere conectarnos con las personas correctas. Es en esas conexiones que surgen las mejores oportunidades. Cuando te conectas con la gente exacta, surgen los mejores negocios. Cuando te conectas con la gente correcta, la unción se te pega. Pero si te conectas con la gente incorrecta, la unción se puede ir. Es como tener fisuras por donde el aceite empieza a escurrirse, comienzas a rodearte de un entorno incorrecto. El gran secreto, el núcleo de la sabiduría, es lograr hacer conexiones divinas.

La primera conexión es a través de las personas menos indicadas.

«Luego Josué hijo de Nun envió secretamente, desde Sitín, a dos espías con la siguiente orden: "Vayan a explorar la tierra, especialmente Jericó". Cuando los espías llegaron a Jericó, se hospedaron en la casa de una prostituta llamada Rajab» (Josué 2.1).

El pueblo de Israel tenía que conquistar Jericó, por lo que decide enviar un equipo de avanzada para conocer qué había dentro de la ciudad. Cuán fortificados y armados estaban. Para eso envían espías. Estos podrían haber ido a hablar con el lugarteniente del rey, con el que recorre las calles, con un vendedor ambulante, con personas influyentes o comerciantes honrados, sin embargo, llegaron a Jericó y se metieron en un prostíbulo para hablar con una ramera llamada Rajab.

Dios usó escandalosamente a alguien que no tenía nuestra higiene espiritual, que no se parecía a nosotros y no estaba a nuestra altura. Como escribió alguna vez el genial Junior Zapata: «Una muñeca rota con la que juegan los adultos. Una mujer que hizo despojos de su cuerpo y cuyos hombres, cuando están con ella, creen que tocan el cielo con las manos, y no se dan cuenta de que están tocando el infierno con el alma. Una ramera que conoce los secretos de todos». Las mujeres de Jericó la detestaban, la odiaban. Una mujer sensual que no quieres que se acerque a tu marido porque destila lujuria. Despreciada por la mayoría de las mujeres honradas de Jericó. Es codiciada y maldecida en secreto por la mayoría de los hombres. Se acuesta con mendigos y con reyes, siempre que puedan pagar sus favores sexuales. A ella, los dos espías, los dos enviados de Dios, le pidieron un informe. El rey se enteró de que esos espías habían entrado en la casa de la ramera y le envió un mensaje: «Echa fuera a los hombres que han entrado en tu casa, pues vinieron a espiar nuestro país». Ella le respondió: «Es cierto que unos hombres vinieron a mi casa, pero no sé quiénes eran ni de dónde venían. Salieron cuando empezó a oscurecer, a la hora de cerrar las puertas de la ciudad, y no sé a dónde se fueron. Vayan tras ellos; tal vez les den alcance». Pero en verdad la mujer los había ocultado en la azotea, entre los manojos de lino que tenía allí. Es entonces que Rajab les dio el informe misionero que ellos estaban esperando. Les dijo: «Yo sé que el Señor les ha dado esta tierra, y por eso estamos aterrorizados; todos los habitantes del país están muertos de miedo ante ustedes. Tenemos noticias de cómo el Señor secó las aguas del Mar Rojo para que ustedes pasaran, después de haber salido de Egipto. También hemos oído cómo destruyeron completamente a los reyes amorreos, Sijón y Og, al este del Jordán. Por eso estamos todos tan amedrentados y descorazonados frente a ustedes. Yo sé que el Señor y Dios es Dios de dioses tanto en el cielo como en la tierra. Por lo tanto, les pido ahora mismo que juren en el nombre del Señor que serán bondadosos con mi familia, como yo lo he sido con ustedes. Quiero que me den como garantía una señal de que perdonarán la vida de mis padres, de mis hermanos y de todos los que viven con ellos. ¡Juren que nos salvarán de la muerte!» (vv. 9–13).

Esa mujer no solo estaba presentando un informe de lo que ocurría en la ciudad, sino que también estaba siendo un agente de protección para su familia. No conocemos en profundidad su historia, pero imagino que su mamá no estaría orgullosa de ella. Sin embargo, esa ramera sería una conexión de oro para proteger a su familia del siguiente ataque a la ciudad.

Los espías respetaron el pedido de la ramera. Pero no solo eso, toda una ciudad sería conquistada, el ejército israelita entraría con paso firme a causa de que había una conexión de oro allí, una prostituta, alguien por quien nadie daría ni dos centavos.

Al leer la historia descubrimos que esa mujer, Rajab, se enamoró de un varón de la tribu de Judá, quizás era uno de esos espías. Se llamaba Salmón. Juntos tuvieron un hijo llamado Booz, que unos años después se enamoró de una muchacha llamada Rut. Tuvieron un hijo llamado Obed, que luego tuvo el suyo llamado Isaí. De quien salió un nieto llamado David; de quien, veintiséis generaciones después, nació Jesucristo. Realmente Rajab fue una conexión especial para el pueblo de Israel.

Nunca subestimes a un pequeño como David, que toca la música, porque mañana puede ser tu rey.

Nunca subestimes a un Saulo de Tarso, porque mañana puede transformarse en Pablo, el que escribió la mayor parte de los libros del Nuevo Testamento y sobre cuyas doctrinas se fundamente la iglesia. El apóstol más grandioso que jamás haya existido. Ese es Saulo, el que perseguía a la iglesia del Señor.

Había en Damasco un discípulo llamado Ananías, a quien el Señor llamó en una visión.

—¡Ananías!

—Aquí estoy, Señor.

—Anda, ve a la casa de Judas, en la calle llamada Derecha, y pregunta por un tal Saulo de Tarso. Está orando, y ha visto en una visión a un hombre llamado Ananías, que entra y pone las manos sobre él para que recobre la vista. Entonces Ananías respondió:

—Señor, he oído hablar mucho de ese hombre y de todo el mal que ha causado a tus santos en Jerusalén. Y ahora lo tenemos aquí, autorizado por los jefes de los sacerdotes, para llevarse presos a todos los que invocan tu nombre.

—¡Ve! —insistió el Señor—, porque ese hombre es mi instrumento escogido para dar a conocer mi nombre tanto a las naciones y a sus reyes como al pueblo de Israel. Yo le mostraré cuánto tendrá que padecer por mi nombre.

Ananías se fue y, cuando llegó a la casa, le impuso las manos a Saulo y le dijo: «Hermano Saulo, el Señor Jesús, que

se te apareció en el camino, me ha enviado para que recobres
la vista y seas lleno del Espíritu Santo». Al instante cayó de los
ojos de Saulo algo como escamas, y recobró la vista. Se levantó y fue bautizado; y habiendo comido, recobró las fuerzas.
(Hechos 9.10–19)

Imagino la orden recibida por Ananías cuando Dios le pidió que
orara por Saulo de Tarso, el perseguidor, que estaba ciego. Si me lo
hubiera pedido a mí, le habría respondido: «¿El que mata a los cristianos está ciego? Déjalo Señor, ¿qué apuro hay para que recobre la vista? Déjalo ciego unos seis meses más y después verá». Pero el Señor
tenía un plan. Nunca subestimes a una conexión de oro, aunque sea
la menos probable.

Una conexión con Montaner

En el año 2004 estaba orando y el Espíritu Santo me dio una palabra
para el popular cantante Ricardo Montaner. Yo nunca lo había visto
personalmente, no éramos amigos, y hasta ese momento ni siquiera
nos conocíamos. Pero el Espíritu Santo me dijo que estaba pasando
por cierta crisis y me dio una palabra específica para él. Entonces tra-
té de ubicarlo por medio de unos amigos en común, usé la regla de
los seis grados. Finalmente conseguí el teléfono de la casa de Ricardo
y me dijeron que estaba en Viña del Mar, conduciendo el festival más
famoso de Chile para América Latina.

Pero el Espíritu Santo insistía y me decía: «Este es el momento».
Hablé con mi esposa, y le dije: «Tengo que encontrar a Montaner».
Llamé a Chile y logré hablar con Marlene, la esposa de Ricardo, a
quien le comenté que tenía una Palabra de parte de Dios para él y
que debía dársela lo antes posible.

Así que me compré un ticket de Argentina a Chile, crucé la cordi-
llera, renté un auto en Santiago de Chile y conduje hasta Viña del Mar.
Allí esperé cuatro horas en el lobby del hotel, donde nadie creía que
yo venía a ver a Ricardo Montaner. Ni siquiera le pasaban el mensaje.

Cuatro horas después, logré meterme en el elevador y le pasé un papelito por debajo de la puerta de su habitación que decía: «Estoy afuera, tengo una Palabra de Dios para ti». Media hora más tarde Marlene, su esposa, vio el papel y me hizo llamar. A esa altura, el personal de seguridad ya me había hecho bajar al lobby otra vez.

Finalmente fui a la habitación y le dije que Dios me había enviado a decirle lo siguiente: «Dios no está delante de ti, está detrás. La Biblia dice que Moisés seguía la nube porque era un turista, todo el pueblo lo era. Pero Josué ya no tuvo nube ni columna de fuego que seguir. A él Dios le dijo: "Mira que te mando que te esfuerces y que seas valiente y donde quiera que pongas un pie, yo te daré esa tierra". La planta de tu pie determina cuánta bendición quieras tener. No digas: Señor, ábreme la puerta. Dios dice: te daré todo lugar que pise la planta de tu pie».

Luego agregué: «Ricardo, cuando esta noche salgas a conducir el evento, tienes que saber que tú pisas ese escenario, y aunque tengas el monstruo de Viña del Mar en tu contra, debes saber que Dios está respaldándote, solo porque has venido aquí. Independientemente de si era de Dios o no que lo hicieras, él te está respaldando». Terminé de darle la palabra y ese mismo día regresé a Argentina.

La gloria de Dios empezó a cambiar la atmósfera de aquel lugar en Viña del Mar. Pero Dios tenía allí un hombre que luego me iba a conectar con gobernadores, con presidentes, y de quien obtendría su favor. Actualmente somos entrañables amigos. Ricardo me ha conectado con quien yo nunca hubiese imaginado, pero no lo hice pensando en eso. Obedecí a Dios, no subestimé una conexión de oro.

Amigo, el Espíritu Santo te dará órdenes puntuales para hablar con personas que ni siquiera te imaginas, y ni sabes por qué estás hablando con ellas. Ya sea en un mercado, en un automóvil, con el chofer del taxi. El Espíritu Santo gesta en los aires una red espiritual más grande que Facebook y que cualquier otra red social.

Conectada por un simple vaso de leche

Un día alguien golpeó a la puerta de la casa de una mujer y le dijo: «Por favor, soy vendedor ambulante, ¿tendrá un vaso de agua que me obsequie?», aunque en realidad ese hombre se estaba muriendo de hambre, pero le daba vergüenza pedir alimento. La mujer amablemente le dio un vaso de leche fría. Eso era maná en el desierto para aquel hombre. Unos veinte años después, esa mujer se enfermó. Tenían que operarla de un tumor y no tenía cobertura médica. Pero debía elegir entre morir u operarse, luego resolvería de dónde sacaría el dinero para esa intervención. Se operó con buenos resultados, pero poco tiempo después le llegó la factura de los gastos. Con gran angustia la mujer leyó el elevado costo que debía abonar, pero abajo tenía una notita escrita en bolígrafo que decía: «Pagado completamente hace veinte años con un vaso de leche». Aquel a quien ella le había dado el vaso de leche hacía tantos años, se había recibido de médico y fue quien la intervino.

Si tienes los ojos abiertos, él te abrirá puertas inimaginables.

Una conexión con el Puma Rodríguez

El teléfono de mi departamento sonó insistentemente. Era el año 1997 y estaba orando que Dios hiciera un gran milagro para que las puertas de las comunicaciones fueran abiertas. El teléfono continuaba sonando, respondí y del otro lado me dijeron:

—Aló, habla el Puma, José Luis Rodríguez.

—Sí, acá habla el «León de Judá» —dije, pensando que era una broma de algún amigo.

Él insistió y me dijo:

—Dante... soy el Puma.

—Y yo «el tigre de Malasia» —vuelvo a responder.

Mi mujer me miraba hasta que me preguntó con quién hablaba.

—Mira, estoy en Argentina y tengo una carga por ti. ¿Por qué no me vienes a ver?

—Pero... ¿Quién te dio mi teléfono «Puma»?

—Me fue muy difícil encontrarte. Llamé a las productoras y finalmente alguien me dio tu teléfono.

—Bueno, ¿dónde te puedo ver?

—En el Hotel Sheraton.

A la hora pactada fuimos con Liliana al hotel. Me presenté en la recepción y me dijeron: «¿Es usted Dante Gebel? El señor Rodríguez lo está esperando». Subimos a la habitación y el Puma, el famoso cantante venezolano, abrió la puerta:

—Dante, encantado de conocerlos a ti y a tu esposa, pasen.

Nos sentamos mirándolo, con la boca abierta.

Yo no era tan famoso como para que las celebridades llamaran a mi casa, pero hasta ese momento no sabía lo que estaba sucediendo.

—¿A qué debo... tu llamado? —le dije a media voz.

—Soy amigo del Presidente de la República y pensé que tú eres un tipo exitoso, con mucho carisma, que merece estar en televisión federal, en cadena nacional.

—Gracias por tus palabras, pero no tengo dinero para hacerlo.

—No importa, eso no es impedimento; yo te conecto con la gente correcta.

Hizo dos o tres llamados y al mes estaba predicando en la pantalla de ATC (Argentina Televisora Color), una emisora televisiva del Estado que transmite a todo el país. Era el único pastor que había entrado a la televisión del Estado y pagado por la Presidencia de la Nación.

Movido por Dios, por una conexión divina, a través de un hombre que hasta ese momento no había visto en toda mi vida. De más está decir que Dios usó ese medio televisivo para, un año más tarde, convocar a cien mil jóvenes a la Plaza de la República. Es que cuando Dios te conecta, nunca sabes a dónde puedes llegar y a cuántos miles alcanzar.

Cuando tú eres la conexión para otro, ¡y no te has dado cuenta!

Naamán era el comandante en jefe de guerra del rey de Siria. El general de los ejércitos armados. Pero bajo su armadura tenía una grave enfermedad, lepra. Imagino la tristeza de ese hombre por no poder ser como todos los demás, ni mostrarse como cualquiera. La lepra es una enfermedad que te va carcomiendo las extremidades de tu cuerpo. Pierdes sensibilidad y la sangre que se coagula se mezcla con un suero acuoso que se te pega a la ropa. Sin embargo, Naamán tenía el favor del rey de Siria.

Para esos tiempos había allí una mujer israelita que habían capturado y puesto como esclava, a quien el único derecho que se le otorgaba era la comida, y no estoy seguro si buen trato también, ya que el tratamiento general que recibían las esclavas no era bueno. Seguramente ella estaba cansada de trabajar entre la basura y la suciedad del palacio.

Quizás te sientas identificado al pensar en el lugar donde trabajas, el ámbito que te rodea o la actividad que desarrollas. Me refiero a aquellos que tienen que trabajar en sitios desagradables, limpiar suciedades ajenas y soportar el maltrato de gente que porque tiene dinero te subestima por tu color de piel, por tu raza, por el país de donde vienes. Aun a los que trabajan en grandes compañías y sienten que están en un enorme cubículo de basura, soportando trepadores, gente que pisa la cabeza de otro para llegar a la cima. Y en tu interior has dicho: «¿Cuándo me sacará Dios de esta mugre?». El Señor te dice que «no te quitará de ahí, porque no eres sal para estar dentro del salero. Eres luz para estar donde hay oscuridad. Eres sal para dar sabor».

Esa esclava se acercó a la mujer de Naamán y le dijo: «Ojalá el amo fuera a ver al profeta que hay en Samaria, porque él lo sanaría de su lepra» (2 Reyes 5.3).

No era obligación de la esclava tener que predicar, no tenía por qué hablar para que ese «mundano» se sanara. Era un sirio, enemigo del pueblo de Dios. Pero ella seguramente pensó: «Quizás hace años fui tomada esclava solamente para este momento de conexión de oro. Aunque nadie jamás sepa mi nombre, en miles de años se hablará de mí, porque mi nombre estará escrito en la Biblia como la conexión de oro que hizo que Naamán fuera sano de la lepra». Ella habló, predicó e iluminó la vida de aquel hombre.

Dios te ha puesto en el lugar donde estás para conectarte con gente que necesita oír de él. Habrá un momento en el que hallarás gracia y favor. En el cronograma de Dios, fuiste puesto allí para que algo ocurriera. Tú eres determinante. Eres el átomo que explotará en el momento indicado en ese lugar donde Dios te ha puesto. En algún instante alguien hallará un milagro de Dios, solo porque tú te encuentras ahí.

Dios sabe que así como José en Egipto, como Daniel en Babilonia, o como esa sirvienta judía, dirás una palabra que cambiará el destino de alguien.

Cuando la conexión te lleva a un lugar que ni siquiera imaginas

«Entonces el jefe de los coperos le dijo al faraón: "Ahora me doy cuenta del grave error que he cometido. Cuando el faraón se enojó con sus servidores, es decir, conmigo y con el jefe de los panaderos, nos mandó a la cárcel, bajo la custodia del capitán de la guardia. Una misma noche, los dos tuvimos un sueño, cada sueño con su propio significado. Allí, con nosotros, había un joven hebreo, esclavo del capitán de la guardia. Le contamos nuestros sueños, y a cada uno nos interpretó el sueño. ¡Y todo sucedió tal como él lo había interpretado! A mí me restituyeron mi cargo, y al jefe de los panaderos lo ahorcaron". El faraón mandó llamar a José, y en seguida lo sacaron de la cárcel» (Génesis 41.9–14).

A veces en medio de tu crisis surge una conexión que te lleva a un lugar que ni siquiera imaginas. A José, su papá le regaló un traje especial, de esos que eran muy caros y exclusivos. Era el que mejor vestía entre sus hermanos, que lo odiaban porque estaban celosos. Luego de planearlo, lo tiraron en un pozo, lo vendieron como esclavo y lo llevaron a Egipto.

Una vez allí empezó a trabajar en la casa de Potifar, cuya mujer le hizo una propuesta sexual. Él se abstuvo, pero ella, despechada, lo acusó; por lo que llevaron a José a la cárcel. Allí conoció a dos personas. El que había sido jefe de los panaderos del faraón, y también al que había sido jefe de los coperos del faraón. Uno fabricaba el pan y el otro le servía el vino.

Cierto día, en la cárcel, esos hombres, presidiarios como él, tuvieron diferentes sueños que José interpretó. Al panadero le dijo: «Dentro de los próximos tres días, el faraón mandará que a usted lo decapiten y lo cuelguen de un árbol, y las aves devorarán su cuerpo». Al jefe de los coperos también le interpretó su sueño y le dijo: «Dentro de los próximos tres días el faraón lo indultará y volverá a colocarlo en su cargo. Usted volverá a poner la copa del faraón en su mano, tal como lo hacía antes, cuando era su copero. Yo le ruego que no se olvide de mí. Por favor, cuando todo se haya arreglado, háblele de mí al faraón para que me saque de esta cárcel».

Al pasar los días todo ocurrió tal y como José lo dijo. Esa conexión que ocurrió en la crisis hizo que el panadero fuera ejecutado y que el jefe de los coperos regresara al lado del faraón, pero este último se olvidó de José.

Uno de aquellos días el faraón tuvo un sueño que no lo dejaba dormir: «Estaba de pie junto al río Nilo cuando, de pronto, del río salieron siete vacas hermosas y gordas que se pusieron a pastar entre los juncos. Detrás de ellas salieron otras siete vacas, feas y flacas, que se pararon a orillas del Nilo, junto a las primeras. ¡Y las vacas feas y flacas se comieron a las vacas hermosas y gordas! En ese momento el faraón se despertó. Pero volvió a dormirse y tuvo otro sueño: Siete espigas de trigo, grandes y hermosas, crecían de un solo tallo. Tras ellas brotaron otras siete espigas, delgadas y quemadas por el viento solano. ¡Y las siete espigas delgadas se comieron a las espigas grandes y hermosas!».

Preocupado por el sueño, Faraón llamó a todos los eruditos del reino, pero nadie supo darle una interpretación. En ese momento el jefe de los coperos dijo: «Me había olvidado, pero en la cárcel conocí a alguien un tanto lunático, un israelita que interpretó los sueños del panadero y el mío. Si tú lo traes, quizá él tenga la respuesta». Faraón mandó sacar a José de la cárcel.

¡Allí hubo una conexión que surgió en medio de la crisis! En el momento que sientes que estás por perder la casa, el empleo, y no sabes la razón. El instante que tu ministerio se despedaza, y no sabes por qué, seguramente es la única manera que Dios tiene para llevarte a una conexión divina, a un nuevo nivel.

Conectados sobre un elevador en Colombia

En el año 2002 hacíamos un show teatral evangelístico en la avenida Corrientes, una de las calles más importantes de la ciudad de Buenos Aires. En ese momento la Argentina explotó financieramente y el dólar se disparó elevando su valor. La gente comenzó a salir a las calles golpeando cacerolas en señal de protesta. La silla presidencial estaba caliente, nadie quería sentarse allí. Por sentido común, los que hacían el espectáculo conmigo me dijeron: «Gebel, literalmente nos van a romper el teatro. No es tiempo de hacer nada ahora. Cerremos los contratos aquí. Páganos y terminemos». La crisis económica era tal que tuvimos que salir de gira para reunir el dinero y pagarle a quienes habían trabajado en el teatro. Tenía una gran deuda que de la noche a la mañana se había cuadruplicado debido a la dolarización.

En medio de esa gira, llegó una invitación para ir a Colombia y sentí que Dios me estaba enviando allí. Fui a predicar a una iglesia pequeña, donde recibí una ofrenda muy sencilla. En ese momento dudé que fuera Dios el que me había enviado a ese país.

Aquella noche llegué al hotel de Bogotá y alguien estaba esperándome en el lobby. Realmente estaba tan cansado después de viajar y predicar, que quería irme a descansar. Pero esa persona insistió, hasta se metió en el elevador conmigo, y dijo: «Tengo que decirte algo. El Espíritu Santo me ha mandado a preguntarte cuál es tu deuda, y yo la voy a pagar totalmente, y no solo eso, quiero bendecirte más y seguir dándote dinero para que tu ministerio no se detenga». Y me hizo un cheque allí mismo. Pero además me preguntó cuál era mi sueño. Entonces le dije: «Tengo un programa de radio que me gustaría que se escuchara en todo el continente, desde Tierra de Fuego,

Argentina, hasta México. Son 900 emisoras. Miles de envíos. Miles de reproducciones de discos. Es mucho dinero». Entonces dijo: «Durante dos años yo los voy a pagar». Imagina mi cara. Yo no sabía quién era. Pero ese hombre no solo pagó nuestra deuda, sino que sembró para que el sueño continuara. Dios estaba haciendo una conexión de oro. Una conexión divina que casi pierdo, si aquel empresario no me hubiera seguido hasta el elevador y yo no hubiese aceptado aquella invitación a Colombia.

Luego de que José interpretó el sueño, Faraón le dijo: «Puesto que Dios te ha revelado todo esto, no hay nadie más competente y sabio que tú. Quedarás a cargo de mi palacio, y todo mi pueblo cumplirá tus órdenes. Sólo yo tendré más autoridad que tú, porque soy el rey» (Génesis 41.39-40).

El faraón nunca se convirtió a Dios, pero reconoció al Dios que había en José. Alguien te va a decir: «Yo lo ayudo, pero no creo en Dios, soy agnóstico». ¡No te preocupes! Si Dios pudo usar a los cuervos y a una mula, puede darte gracia y favor con los faraones de esta tierra.

Hay empresarios que conocerán al Señor y serán sanos porque tú trabajas en esa compañía. El Espíritu Santo te dice: «¡No te muevas de donde yo te puse! Son lugares estratégicos, donde hiede a basura, donde tienes que ensuciarte las manos para trabajar todos los días. Ahí serás un agente de cambio. Serás una conexión de oro».

CAPÍTULO 5

UNA NUEVA OPORTUNIDAD

Durante años me llegaron cientos de cartas de personas que aunque habían conocido a Jesús e incluso le estaban sirviendo en algún área ministerial, estaban viviendo un momento en que no podían perdonarse el hecho de haber traicionado al Señor. Fue entonces que sentí la necesidad apremiante de escribir este sermón que prediqué por primera vez la ciudad de Puerto Rico, en el año 1998, y que luego llevaría a distintas partes del mundo.

Recuerdo también que aquel año fue cuando convocamos a la juventud a una cruzada en la Plaza de la República en un evento que hasta ese entonces no había tenido precedentes y sin saberlo aún, y a través de este mismo mensaje, Dios me estaba preparando para uno de los años más difíciles de todo nuestro ministerio. Este sermón sería mi fuente de esperanza, como lo fue para tantos miles que lo vieron por televisión o lo escucharon a través de la radio.

Mucho más tarde lo incluí como uno de los capítulos de Destinado al éxito (Editorial Vida).

Mi esposa es fanática de las fotografías, podría añadir que es casi una profesional. Digo casi porque aunque no ha estudiado la carrera, ha logrado comprarse las cámaras y los artefactos profesionales más caros;

le saca fotos a cualquier cosa que se mueva o cualquier objeto inanimado que le llame la atención. A mi criterio, es bastante buena en lo que hace.

Tenemos álbumes con recuerdos de todos nuestros viajes, junto a decenas de amigos y hasta personas que no logramos recordar quiénes son ni por qué aparecen en nuestro álbum familiar.

Sin embargo, hemos decidido no vivir mirando fotografías. No somos de esas personas que se pasan un sábado lluvioso mirando sus propios vídeos, recordando esas vacaciones, o aquella vez que viajamos a un nuevo continente. En realidad, casi no he vuelto a ver mis propios espectáculos en vídeo, por lo que a veces la gente me habla de algunos detalles del mensaje que no recuerdo. Tampoco escucho mis propios mensajes ni leo mis libros más de una vez: cuando están recién editados y solo para saber si todo está correcto.

Esto se debe a que no quiero vivir de recuerdos. Ya habrá tiempo para ellos cuando no me funcione la próstata y me dedique a observar amaneceres porque ya no pueda dormir tanto.

Siempre que hablo de esto en público, cuento el chiste de que llegará el día en que mi esposa diga: «Dante, voy a lavarme los dientes». Y yo le responda: «Ya que te levantaste, ¡lávame también los míos!».

No obstante, mientras tenga la dentadura en su sitio, no quiero mirar hacia atrás, no quiero quedarme sin nuevos sueños, ni siquiera deseo que las victorias o los logros ya alcanzados adormezcan mi alma conquistadora, obstaculizando el propósito de inspirar a varias generaciones, que será lo que alguien escribirá en mi lápida cuando llegue mi hora de bajar al sepulcro.

Hubo alguien muy famoso que casi se quedó estancado mirando fotografías debido a un fracaso. Reviviendo los recuerdos de cuando era íntegro y se atrevía a pelear contra el mundo, de cuando era nada menos que uno de los doce.

El Maestro reúne a sus más íntimos y les hace una confesión. Se trata de una información clasificada, el Creador hecho hombre va a develar el misterio de su propósito en la tierra. Luego de tres años de metáforas y parábolas, ahora les hablará a sus discípulos de manera directa, irá al grano sin rodeos.

«Es necesario que sea crucificado», dice, «y algunos de ustedes se van a asustar, serán dispersados como ovejas».

Veamos esto en su justa perspectiva. Aquel que conoce los tiempos y todo lo sabe está diciendo que su grupo selecto va a fallar, que estallará bajo la presión. Ellos se van a escandalizar, huyendo por sus vidas en el momento en que deberían permanecer a su lado. No se trata de su deseo, tampoco es lo que los discípulos quieren, es lo que indefectiblemente va a suceder.

El Señor no les está pidiendo su opinión ni los está recriminando, les está brindando una información anticipada de lo que va a suceder.

Sin embargo, Pedro es un personaje singular, es de aquellos que no pueden permanecer con la boca cerrada. Es de los que tienen que hablar hasta que se les ocurra algo que decir. Así que en lugar de escuchar en silencio, cree que se trata de una reunión del comité.

«Seguro no estarás refiriéndote a mí», afirma levantando el mentón, «aunque los otros once huyan y se escandalicen, yo nunca lo haré».

Sus compañeros no pueden creer lo que está diciendo, el otrora pescador se acaba de poner por encima de todos. Siente que está a un nivel más elevado con respecto a los demás mortales.

Es entonces cuando el Maestro se ve obligado a ser más específico, más puntual. Quizás no se lo hubiera dicho frente a los demás, pero la petulancia de Pedro no merece otra cosa. Así que el Señor hace una pausa y señala: «Antes del amanecer, Pedro, tú me negarás... no una vez, sino tres veces».

Eso sí que dolió. Otra persona hubiera caído de rodillas ante tamaña revelación. Le preguntaría si existe alguna remota posibilidad de evitarlo, le pediría que le diera el valor para no negarlo. No obstante, Pedro se parece mucho a nosotros. Él no puede permanecer en silencio. Por lo tanto, vuelve a abrir su bocaza. «Te equivocas conmigo, Señor. Que te quede claro que sería capaz de morir contigo de ser necesario».

Supongo que el Señor sonrió o quizás disimuló de esa forma su tristeza al percatarse de que Pedro no estaba entendiendo lo que acababa de oír. Es que no podemos negar el hecho de que vamos a fallarle al Señor, y él ya lo sabe.

La vida en diferido

Presta atención a este ejemplo, el cual te hará ver las cosas de otro modo. Como todo buen argentino, me gusta ver algunos partidos de fútbol, en especial cuando juega mi país. Sin embargo, lo cierto es que en ocasiones, a la hora del juego, estoy en un avión o dando una conferencia en alguna parte del mundo. Así que le pido a alguno de mis asistentes que me grabe el partido, pero con una condición determinante: que no me cuente el resultado final.

Además, a la persona que me entrega la grabación no se le tiene que notar en su expresión si ganamos, empatamos o perdimos, porque sería lo mismo que saber el final de una película, y ya no tendría sentido ver el partido.

Luego, apenas tengo un tiempo libre, me siento frente a la pantalla y coloco el vídeo. Sufro con los penales, me enojo con algunos jugadores, aliento a otros, me pongo nervioso en el entretiempo, y hasta en ocasiones oro y digo: «Señor, sé que tú no estás en estas cosas, pero ayuda a mi equipo para que pueda ganar». Cuando alguien me escucha haciendo esa oración, piensa que se trata de una absoluta ridiculez, pues mi oración no cambiará lo que ya está grabado en el vídeo y sucedió hace veinticuatro horas atrás. Sin embargo, eso no me importa, yo no conozco el resultado, así que no sé qué esperar.

Algo similar sucede con nuestra vida cuando es observada desde nuestra propia óptica.

Lee con detenimiento lo siguiente: Nosotros pensamos que estamos viviendo en vivo, pero todo es en transmisión diferida. Todo ya ha sido previamente grabado.

Desde la óptica de Dios, a él no le sorprende lo que vayas a hacer. El Señor no espera un final abierto, él ya estuvo en tu futuro y sabe cómo vas a reaccionar, y si no te lo dice es solo porque prometió no intervenir en tu libre albedrío. El Maestro ya vio cómo terminan tus días, de qué manera llegarás a tu destino y cómo cumplirás el propósito de tu vida; recuerda que él no actúa según nuestra noción del tiempo, a él no lo domina el reloj, Dios conoce lo que vendrá, solo que te rebobina la cinta para que lo puedas experimentar como si estuvieras en vivo.

Eso es lo que el Señor le está diciendo entre líneas a Pedro: «Pedro, yo estuve en tu futuro. La gente te recordará como un gigante de la fe, sanarás enfermos con tu sombra, harás milagros mayores que los míos y serás un hombre al que todos admirarán. Por eso, que el fracaso de mañana no te amarre al pasado. Lo que vaya a ocurrir en unas horas no debe causar que permanezcas estancado mirando fotografías de los buenos viejos tiempos. Por el contrario, eso debe ayudarte a depender más de mí y no de tu inmensa boca, la cual por cierto no puedes mantener cerrada».

Pedro debía comprender la lección de que aun el fracaso se puede sobrellevar si logramos ver más allá, hacia nuestro destino.

Regreso al futuro

La industria cinematográfica de Hollywood produjo una popular trilogía llamada *Back to the Future*, interpretada por Michael J. Fox, cuya primera parte se estrenó en 1985 y fue dirigida por Robert Zemeckis. El argumento de esas películas giraba en torno a una máquina del tiempo, un automóvil que un científico logró transformar en una nave para viajar al pasado y el futuro. Recuerdo que la primera vez que la vi, fantaseé con lo que haría de tener una máquina similar. Sé con exactitud a qué momento de mi pasado viajaría, conozco el lugar y el día preciso para encontrarme conmigo mismo cuando apenas era un niño de casi diez años.

Viajaría al año 1978, colocaría las coordenadas para que coincidieran justo con una fecha en particular pocos días antes de mi cumpleaños, un frío lunes a finales de junio. Iría a mi escuela primaria, un viejo edificio construido dentro de un predio militar, y me las arreglaría para entrar al aula de quinto grado. O quizás esperaría hasta la hora del recreo, pero de cualquier modo me encontraría con el niño que alguna vez fui.

Luego le diría: «No me preguntes quién soy ni cómo sé lo que va a suceder. Solo quiero que me escuches bien y hagas exactamente lo que voy a decirte. Pasado mañana, el miércoles, la profesora de historia te pedirá que pases al frente para que des una lección oral. A pesar de que has estado estudiando, los nervios van a jugarte una mala pasada, dado que es casi la primera vez en tu vida que estarás frente a cerca de una veintena de compañeros. Vas a tartamudear mucho y olvidarás todo lo que estudiaste. Es entonces cuando ocurrirá.

»La maestra, que supongo que la noche anterior habrá discutido con su esposo, te gritará delante de todos: "Pero ¿es usted idiota, Gebel? ¿No es capaz de hablar dos palabras seguidas? ¿Acaso no sabe pronunciar o necesita volver a primer grado para que le enseñen a hablar?"

»Cuando ella diga eso, todos comenzarán a reírse, ese episodio marcará gran parte de lo que te queda de infancia y adolescencia. Ahora, Dante, escúchame bien: No tienes que creer lo que te dirá esa maestra, supongo que solo habrá tenido un mal día. No tienes problemas en el habla, no eres un idiota. En el lugar de donde vengo, tienes la vida resuelta. Allí te pagan muy bien solo por hablar. Aunque ahora no lo creas, cuando crezcas la gente hará largas filas para ingresar a un estadio para escucharte. Inspirarás a mucha gente, así que tienes que confiar en lo que te digo. Y todo esto ocurrirá, aun a pesar de lo que ahora pienses de ti».

Nunca dejo de pensar qué hubiera sucedido conmigo de haber tenido la posibilidad de viajar a mi pasado y hablarle a aquel niño lleno de complejos y limitaciones. Me pregunto si acaso habría logrado mucho más, si hubiera sido más efectivo de lo que he sido hasta hoy.

En realidad, estoy seguro de que ahora que lo piensas, darías cualquier cosa por poder hacer lo mismo. Regresar a tu pasado y decirle a esa niña que no se preocupe por el abuso, que aunque es muy triste y doloroso, logrará superarlo y jamás permitirá que algo así le suceda a su propia hija. Decirle a ese niño que llora frente al ataúd que el tiempo logrará curar tanto dolor, que al final logrará superarlo.

Encontrarte contigo mismo y decirte: «No te preocupes, tú no tienes la culpa de que tu madre se haya enfermado. Cuando tengas la edad que yo tengo ahora, lo comprenderás».

Sin embargo, no contamos con esa posibilidad. Nadie puede devolver el tiempo, ningún mortal puede hacerlo.

Dios sí puede.

Él puede venir desde tu futuro ahora mismo, visitarte en tu presente y decirte: «Tranquilo, no tienes de qué preocuparte. Tengo para ti pensamientos de bien, no de mal. En el lugar de donde vengo, tu vida está resuelta, no tiene sentido que te afanes o te preocupes más de lo debido, tu vida termina bien, ganas este partido».

¿Qué darías por una información de este tipo? No obstante, a pesar de que Dios nos la regala a diario, la subestimamos. Pensamos que solo es un «deseo» del Señor que nos vaya bien, en lugar de saber que él estuvo allí y nos está diciendo que todo está bajo control.

Esto es lo que Pedro no lograba comprender.

Así que llegan los soldados romanos, prenden a Jesús y los discípulos huyen. Excepto Pedro, que se queda a unos cuantos metros. Ni tan cerca como para que lo apresen ni tan lejos como para perderse los detalles.

Una persona lo reconoce y él lo niega. Y luego alguien más, pero da la misma respuesta. Por último, por tercera vez juran que lo han visto andar con el Maestro, y esta vez Pedro maldice. No obstante, en el momento exacto del insulto, se encuentra con los ojos de Jesús... y siente que el mundo se desmorona a sus pies.

«Te lo dije», la frase favorita de las mujeres

Permite que te ponga un ejemplo que te ayudará a imaginar lo que Pedro sintió cuando se encontró con los ojos de Jesús.

En estos veinte años de casado, he descubierto que los hombres tenemos muchos más defectos que las mujeres (suena a obsecuencia, pero Dios sabe que es lo que pienso en realidad). Con todo, las mujeres, sin excepción, tienen un defecto que no tenemos los varones en general. Les encanta apelar a la frase: «Te lo dije».

Y posiblemente esta sea la frase que más detestamos los maridos, en especial cuando estamos dispuestos a reconocer que nos equivocamos. Ya sea que pidamos perdón o no, nunca estaremos exentos de escuchar el conocido «te lo dije» por parte de nuestras mujeres.

Cierto día, cuando Liliana y yo llevábamos poco tiempo de casados y aún era un inexperto en la materia, viajábamos en nuestro automóvil y discutíamos acerca de qué camino tomar para llegar a la casa de mi suegra. Ella decía que era por un lado y yo que por el otro. Sin embargo, como era el que estaba al volante, resulta obvio que decidiera llegar por donde yo creía.

Nos perdimos a los pocos minutos.

De inmediato le admití a mi esposa que me había equivocado y reconocí que debía haber seguido su consejo. Si ella hubiera sido otro hombre, la charla habría terminado allí mismo. Pero como es una mujer y no puede pasar por alto una oportunidad así, señaló:

—*Te lo dije*. Debiste haberme hecho caso.

—Sí, ya te pedí perdón y reconocí que me equivoqué al tomar este camino.

—Pero *yo te lo dije*. Si me escucharas más seguido, ahora no estaríamos perdidos.

Como varones, podríamos pensar que todo terminaría ahí, pero la tortura recién comenzaba, el asunto no quedaría resuelto con tanta facilidad.

Así que cuando mi hijo preguntó desde el asiento trasero por qué estábamos dando vueltas hacía quince minutos, su madre le dijo:

—Es que tu padre se perdió a pesar de que *yo se lo dije*.

Una vez que llegamos a la casa de mi suegra y ella quiso averiguar por qué habíamos llegado tan tarde, se escuchó:

—Es que Dante se perdió a pesar de que *yo se lo dije*.

¡Eso era más de lo que un ser humano podía soportar, así que aquel día decidí hacer un pacto con mi esposa! Yo trataría de cambiar todos mis defectos y aquello que la irritaba si a cambio ella no usaba nunca más la maldita frase «te lo dije».

Como ella es una mujer de palabra, por supuesto que cumplió el acuerdo los siguientes años. Sin embargo, hace un tiempo estábamos en un aeropuerto y discutíamos acerca de la puerta por la que habían anunciado que saldría nuestro avión. Obviamente ambos creíamos que sería por puertas diferentes.

Decidimos ir por donde yo creía, pero otra vez, para variar, mi esposa tenía la razón. Así que tuvimos que correr desaforados hacia la puerta correcta, que era desde el inicio aquella por donde mi esposa había dicho que el avión saldría.

Ella sabía que ya no podía usar su frase. Un pacto entre adultos no puede ser violado. No obstante, se las ingenió para mirarme con unos ojos que gritaban a las claras: «Te lo dije».

Esa mirada fue peor que si lo hubiera dicho.

—No me mires así, cualquiera puede equivocarse —le dije molesto.

—No he abierto mi boca —indicó sonriendo.

—¡Pero me estás mirando con ojos de «te lo dije»!

Volvamos ahora a la historia y trata de ponerte en la piel de Pedro. Él cree que la mirada de Jesús en el momento de la traición es como un «te lo dije» de una esposa. El Señor solo lo está observando y quisiera poder decirle que no se avergüence de ese momento, que trate de superarlo, pero él piensa que lo está recriminando. Y es entonces cuando regresa al sitio que considera que nunca debió abandonar. Vuelve al puerto, a pescar.

«¿A quién quiero engañar?», dice. «Soy un fraude. Nací para pescar, no soy un discípulo. El Maestro se equivocó conmigo. Ni siquiera tengo el valor de ahorcarme como Judas, soy un cobarde, una mala persona. Nunca debí abandonar las redes».

Y se sienta en la proa de la barca, a mirar fotografías de los tiempos en que Dios lo usaba. Recuerda con nostalgia aquellas veces en que Jesús podía confiar en él. Añora los momentos en que se sentía cerca del Maestro y era su mano derecha. No obstante, tres días después Jesús le tiene reservada una sorpresa.

Pedro está intentando pescar sin ningún resultado, deshecho por completo emocionalmente. Lo ha intentado toda la noche y solo ha conseguido una red repleta de molestas algas y basura del mar. Algunos de los discípulos se unen a él en su fracaso y comentan lo pésima que ha sido la jornada. Entonces el Maestro, resucitado, se para en la orilla y grita: «Muchachos, ¿tienen algo de comer?».

Vaya pregunta para quienes tuvieron una noche de desvelo y fracaso. Y encima de la estéril vigilia, ahora un vagabundo les pide comida. No lo reconocen, o quizás están demasiado preocupados como para levantar la vista de la barca vacía. «¡Arrojen la red a la derecha de la barca y hallarán una buena pesca!», dice ahora el intruso.

¿Has intentado darle un consejo de cómo hacer determinado trabajo a aquel que ya lo ha intentado de mil maneras? Si no lo has hecho, observa la reacción de Pedro. «¡Estoy consciente de que soy un pésimo apóstol y he fracasado como discípulo, pero ningún turista que se dedica a juntar caracoles en la playa me enseñará cómo pescar y en dónde debo tirar la red, y menos luego de toda una noche sin pescar nada!».

Natanael le sugiere a Pedro que lo intente, al menos para que el hombre de la orilla siga su camino.

Y es entonces cuando ocurre el milagro.

Dos redes y en medio una traición

La Biblia menciona que la creación reconoce la voz del Creador, sea que se trate de los animales entrando en pareja al arca o de los vientos y el mar enmudeciendo solo porque el Maestro lo ordena desde una barca. Por lo tanto, estoy seguro de que los peces oyeron que la orden fue dada por el Hijo de Dios desde la orilla. Así que antes de morir como peces anónimos en alguna sartén desconocida, prefieren inmolarse en la red arrojada por orden del Creador. De ese modo, miles de peces se arrojan a la red de Pedro, solo para formar parte de la gran historia.

Y ahora es el pescador el que se da cuenta del milagro. «¡Reconozco su estilo!», grita emocionado. «¡Tiene que ser él! Esta es su firma, reconozco este truco de atiborrar la red. ¡No sé cómo lo hace, pero se trata del Maestro, ya lo ha hecho una vez y lo está haciendo de nuevo!».

La primera vez que el Señor llamó a Pedro al ministerio ocurrió el mismo milagro. Una red quedó repleta de peces y el Señor le dijo que lo transformaría en pescador de hombres.

Detente en este detalle: Dos redes repletas de peces y en el medio una traición.

Es por eso que el Señor repite con toda intención el milagro con el cual lo llamó la primera vez, para que sepa que nada ha cambiado. No hace un milagro más pequeño ni algo más insignificante. Se trata de la misma señal con la cual lo llamó aquella primera vez al ministerio.

«Todo está bien conmigo, no he cambiado mis planes para tu vida. No te he quitado tu lugar en el ministerio ni tus dones. La prueba es que puedes reconocer la red abundante, como la primera vez que nos vimos, en esta misma orilla, pero bajo otras circunstancias. No tienes que vivir de los recuerdos ni mirando fotos amarillentas. Yo puedo hacerlo otra vez, sabía que esto iba a suceder, pero no lograste comprenderlo».

Entonces el hombre de Capernaúm se arroja al mar y comienza a nadar hacia la orilla. Jesús prepara el desayuno sonriendo. El Creador alista los huevos y el tocino para su creación. El Dios traicionado prepara el café con leche para el traidor.

Y cuando se encuentran cara a cara, Jesús está frente a la fogata y el apóstol tirita de frío, empapado por completo tanto del agua salada como de la vergüenza.

«Simón, ¿me amas?», pregunta el Señor.

El hombre no sabe qué responder exactamente, la pregunta lo desconcierta y lo toma por sorpresa. Él aguarda un castigo, una reprimenda, no una pregunta con respecto a su amor. Piensa que el Señor es como el esposo infiel que espera a su mujer con un bate de béisbol, no con una comida caliente y preguntas acerca de la calidad de su amor.

Además, no lo llama Pedro, le dice Simón.

Pedro fue el nombre que Jesús le puso cuando lo conoció. Un sobrenombre de guerra, un apodo para la batalla, una marca de su nueva vida, un título honorífico, que representa el final de la vieja vida del pescador que se hace a un lado para darle paso al discípulo. Sin embargo, ahora lo llama Simón.

Si no conociéramos al Señor, pensaríamos que lo despojó de su título. Que luego de semejante traición artera, ya no merece llamarse Pedro. Pero eso no es lo que el Señor está haciendo. Solo le está quitando la carga de la responsabilidad; no está preguntándole al apóstol, sino al amigo, por eso lo llama por su nombre de pila.

Cuando viajo a cualquier parte del mundo, la gente suele llamarme conferencista, pastor, evangelista, siervo o Dante Gebel, todo junto, como si el nombre no pudiera separarse del apellido. Nunca me interesaron los títulos, así que dejo que cada uno me llame como prefiera. No obstante, cuando llego a mi hogar, nadie me llama así. En casa soy papá, amor, Dante... y otros nombres más íntimos que no te interesan y jamás confesaré en público aunque me torturen.

Por eso es que en mi hogar puedo ser yo, sin presiones, sin posturas, no necesito sonreír si no tengo ganas. Puedo llorar si quiero, tirarme de manera indigna en mi sillón y caminar sin zapatos por toda la casa. En esencia, en mi hogar puedo ser yo mismo.

Y eso es lo que el Señor quiere que Pedro sienta, por esa razón lo llama Simón. «No tienes que responder de forma oficial, esto quedará entre amigos, si no respondes lo correcto, el asunto no saldrá de aquí. No le estoy preguntando al apóstol, sino al hombre, al padre de familia, al sencillo pescador que una vez conocí. Simón, ¿me amas?».

Hace tres veces la misma pregunta, una por cada vez que lo traicionó.

Entonces Pedro se arrodilla frente a la hoguera y le dice que él sabe cuánto lo ama. Quisiera pedirle perdón por la traición, explicarle que estaba muy asustado, que la presión le hizo decir lo incorrecto... pero Jesús no está interesado en eso y Pedro ya no quiere que su boca le traiga más problemas. Así que solo contesta que se muere de amor por su Maestro.

Y eso es todo lo que el Señor quiere corroborar, si su amor aún permanece intacto.

Cuando Simón responde, el Señor le habla acerca de su futuro. De lo que viene por delante, lo cual será tan grandioso que opacará el incidente de la traición.

Los predicadores olvidarán pronto aquella madrugada en que Pedro negó a su Maestro. Ahora se referirán a él como un héroe, como el hombre que sana a los enfermos con autoridad y predica con denuedo mientras miles son salvados.

Estoy seguro de que Pedro nunca volvió a tener tiempo para mirar fotografías del pasado. Tenía demasiados sueños por delante y un propósito muy claro como para que un simple fracaso le impidiera ver su destino.

CAPÍTULO 6

BAILANDO CON LA MÁS FEA

Posiblemente este sea uno de los mensajes más populares que haya predicado alguna vez. A cualquier parte del mundo donde llego, nunca faltan quienes se acercan y me dicen: «¡Yo también estoy bailando con la más fea!», y en otras ocasiones, literalmente me han pedido que predicara este sermón otra vez, ya sea porque lo vieron por televisión o alguien se los hizo llegar en audio o video. Nunca me había sucedido un fenómeno así con un mensaje anterior, a excepción de «Situación límite». Se supone que la gente no quiere escuchar el mismo mensaje una y otra vez, los predicadores no somos cantantes a los que puedes pedirles que canten tu canción favorita una vez más. Sin embargo, este es el mensaje que más me han solicitado que vuelva a predicar, una y otra vez.

Recuerdo que la primera vez que lo hice fue en un congreso en Nápoles, de la vieja y querida Italia, en el verano de 2006. Pero donde realmente tuve tan vívido recuerdo que pude relatar esta historia con lujo de detalles fue nada menos que ante casi 200.000 personas en el parque Simón Bolívar de Bogotá, Colombia. Luego de aquella tarde, supe en mi interior que debía incluir este mensaje entre mis favoritos, por el resto de lo que Dios permitiera que durara mi ministerio con la juventud.

Hace poco leí esta interesante historia: Una niña paseaba con su papá cuando observó que en una famosa casa de comidas rápidas ofrecían una promoción de Happy Meal o Cajita Feliz, con un juguete que ella deseaba tener. La publicidad decía que si compraba la cajita feliz «sería para siempre feliz». Una frase hecha de acuerdo al muñeco de la película que estaban regalando en ese momento. Al verlo, la pequeña dijo:

—Papito, yo sé que si me compras la cajita feliz seré muy feliz por siempre.

—No creo que sea así. Si te compramos la hamburguesa con el juguetito, al final del día te habrás olvidado de él y querrás otra cosa —respondió el papá.

—Si me lo compras, al final del día no me voy a olvidar. Voy a recordarlo por el resto de mi vida. Aunque sea viejita, voy a ser muy feliz porque ustedes me van a comprar la cajita feliz —insistió la niña.

El papá aceptó y le compró lo que pedía.

Cuando aquella niña cumplió veinticuatro años, se casó. A los veintiséis su marido la abandonó con dos hijos, pero ella no se hacía problema porque tenía el juguetito de la cajita feliz, y era muy feliz.

Luego, cuando llegó a los cuarenta años se volvió a casar. El nuevo marido la volvió a engañar, pero ella no se preocupó, porque era feliz, de pequeña había tenido el juguetito que anhelaba. Cuando tuvo setenta años, y ya era una señora mayor, se enfermó. Pero no se entristeció sino que dijo: «No importa, porque tengo el juguete de mi cajita feliz».

Seguramente mientras lees esto estarás pensando: «¡Qué ridiculez, Dante! ¿Qué estás contando?». Y estás en lo cierto. La vida no funciona así.

Obviamente es una historia ficticia, nadie es feliz por un juguetito de los que vienen en esa cajita. Si uno pudiera decirle al niño: «Algún día crecerás y la vida será más compleja que la felicidad momentánea que te podrá dar un juguetito», se lo diría, pero no podrá entenderlo hasta que crezca.

Sin embargo, crecemos y seguimos transitando la vida mientras decimos: «Me siento insatisfecho porque no alcanzo mis sueños. Si los alcanzara, sería feliz». Otros dicen: «Si pudiera casarme con la persona que he visto en mis sueños, sería feliz». Hay momentos en la vida cuando nos sentimos insatisfechos con todo lo que tenemos y pensamos que otra cosa nos haría feliz. ¿Cuánto dinero es suficiente para ser felices? ¿Cuánto es necesario para ser rico?

Escuché a personas decir: «Yo sería feliz si todos los meses pudiera pagar a tiempo el crédito y los impuestos». Otras decían: «Yo sería feliz si todos los años me pudiera ir de vacaciones a Hawái». Varios más dicen: «Si pudiera tener el auto soñado, la casa propia o terminar de pagar las deudas, sería inmensamente feliz».

Siempre tenemos una «cajita feliz» más adelante para alcanzar. Es como un conejo corriendo tras la zanahoria. Pero eso no es lo peor, porque uno tiene que tener sueños. Y deben ser más grandes que tú mismo, de modo que ese sueño te permita seguir adelante. El problema es cuando por amar ese sueño, por creer que la cajita feliz nos dará la felicidad, como lo creía la niña de la historia, no valoramos ni consideramos lo que ya tenemos.

Cuando transitas por las rutas argentinas puedes notar que muchos camiones llevan una frase escrita en el parachoques trasero, que dice: «No tengo todo lo que quiero, pero quiero todo lo que tengo». Aunque parece una filosofía de camioneros, la Biblia nos enseña que: «Así que no se preocupen diciendo: "¿Qué comeremos?" o "¿Qué beberemos?" o "¿Con qué nos vestiremos?" Porque los paganos andan tras todas estas cosas, y el Padre celestial sabe que ustedes las necesitan. Más bien, busquen primeramente el reino de Dios y su justicia, y todas estas cosas les serán añadidas. Por lo tanto, no se angustien por el mañana, el cual tendrá sus propios afanes. Cada día tiene ya sus problemas» (Mateo 6.31–34).

Debemos alegrarnos por las cosas que Dios nos ha dado y disfrutar de ellas. La esperanza de Dios es que dejemos de buscar satisfacción en objetos finitos. Que dejemos de estar husmeando en el chiquero de los puercos y regresemos al Padre.

En Argentina hay otra frase que es muy común escucharla decir a nuestros padres, y es: «Te tocó bailar con la más fea». En épocas pasadas nuestros padres o abuelos, cuando iban a un baile, siempre los más audaces y valientes invitaban a las más bonitas a bailar, ellas eran las que salían primero a la pista. Por lo tanto, las menos agraciadas se quedaban sentadas esperando, hasta que al fin los más cobardes o tímidos, las sacaban a bailar al final. De ahí el reconocido dicho. Pero con el paso del tiempo esa frase se popularizó y se aplicó a otros sucesos de la vida, por ejemplo cuando te toca hacer la peor parte del trabajo, dices: «Me tocó bailar con la más fea». También se utiliza para describir momentos difíciles que debemos atravesar. Un marido que te hace la vida imposible. Un hijo en rebeldía. Una situación fea que te tocó enfrentar y bailar hasta que la canción se acabara.

Llorando por amor

La Biblia relata la maravillosa historia de un hombre enamorado. El libro de Génesis capítulo 29, versículo 11, dice lo siguiente: «Y Jacob besó a Raquel, y alzó su voz y lloró» (RVR).

Muchas mujeres tienen ese poder sobre sus maridos. Mi mujer todavía me hace llorar de romanticismo. Todavía recuerdo el día que le di el primer beso. Liliana era la Cenicienta de mi vida porque pude besarla por primera vez después de las doce de la noche.

Durante una fiesta con amigos, le pregunté si quería ser mi novia y aceptó. Pero cuando quise darle un beso me pidió que esperara hasta las doce de la noche porque quería que ese primer beso fuera especial. Antes de la medianoche la llevé a su casa y ella me permitió darle un beso en el pórtico de la entrada. Fue un beso muy sencillo, pero me emocioné casi hasta las lágrimas. Durante siete años la amé en silencio, y esa noche ella aceptó ser mi novia. ¡Estaba muy emocionado! Aunque no alcé la voz ni lloré como Jacob, mis ojos se llenaron de lágrimas. Es por eso que puedo entender a Jacob y su vivencia.

Mientras Jacob caminaba por el desierto vio a una muchacha pastora de ovejas. Era una hermosa mujer, me atrevo a pensar que se trataba de «Miss Génesis». Se acercó a hablarle y le dio un beso. Presumo que habrá sido uno amistoso, un beso en la mejilla. Lo suficiente como para que corroborara que esa era la mujer de sus sueños. De la emoción al verla, Jacob sintió que su corazón se le iba a salir por la boca, y lloró. Esa era la mujer de sus sueños. Inmediatamente se enteró de que Raquel era la hija de un magnate granjero, un hacendado llamado Labán, que terminó siendo su pariente, y fue a hablar con él.

«Y Labán tenía dos hijas: el nombre de la mayor era Lea, y el nombre de la menor, Raquel. Y los ojos de Lea eran delicados, pero Raquel era de lindo semblante y de hermoso parecer» (Génesis 29.16–17, RVR).

El escritor de este relato intenta decir algo al describir a las muchachas de la siguiente forma: «Raquel era de hermoso semblante y buen parecer. Lea tenía los ojos delicados». No hay mucho que explicar. Lea... solo tenía los ojos delicados. A juzgar por la descripción, es obvio que Lea no era exactamente lo que puede definirse como una mujer bella.

Es similar a conocer a alguien por Internet y antes de tener tu primera cita a ciegas le preguntas si es bella y solo te responde con un escueto: «Bueno... mi madre siempre me dice que mis orejas son simétricas». El solo hecho de que la Biblia mencione que Raquel era hermosa y que solo mencione de Lea que «tenía los ojos delicados» nos lleva a pensar que esta última no era muy agraciada por la naturaleza.

Entonces, «Como Jacob se había enamorado de Raquel, le dijo a su tío: Me ofrezco a trabajar para ti siete años, a cambio de Raquel, tu hija menor» (v. 18). Labán aceptó la oferta, pero a Jacob no le iba a salir gratis, tendría que trabajar con su futuro suegro por siete años, luego le daría a su hija en casamiento. «Así que Jacob trabajó siete años para poder casarse con Raquel, pero como estaba muy enamorado de ella le pareció poco tiempo» (v. 20).

Estuvieron enamorados durante siete años, pero estoy seguro de que Jacob no la tocaba, no la besaba, no se tomaban de las manos, porque todo se podía arruinar si su suegro se enojaba. Ella le mandaba fotografías y él las ponía como fondo de pantalla en su computadora. Se manejaban con mucho cuidado. No sé cuántos estarían dispuestos a esperar tanto por la persona que aman. Pero el tiempo tan soñado llegó.

Bailar con la más fea

Después de siete años exactamente, Jacob golpeó la puerta de la casa de su suegro y le dijo: «Ya he cumplido con el tiempo pactado. Dame mi mujer para que me case con ella» (v. 21). Labán aceptó y organizaron una gran fiesta de bodas. La hija de Labán tenía que casarse con toda la bendición. Quizá hicieron reservaciones en el *Israel Inn* para pasar la noche, contrataron una gran orquesta y dieron inicio a la celebración. Pero antes de la fiesta estaba la ceremonia del casamiento. La novia, como se acostumbraba en esos tiempos, tenía completamente cubierto su rostro, solo se podían ver sus ojos. El esposo podía descubrirlo durante la noche de bodas, no antes, al igual que el resto de su cuerpo.

El día tan esperado por Jacob había llegado.

El religioso que celebró la boda dijo algo como: «Jacob, ¿aceptas a esta mujer como tu esposa?». «Sí, acepto», habrá respondido el ansioso Jacob. Luego llegó el momento de la fiesta, comenzaron a bailar y a celebrar. Cantaron canciones y bailaron toda la noche. Finalmente abrieron los regalos y los amigos le colgaron latitas en el camello que los trasladaría y un cartel que decía: «Recién casados».

Así habrán llegado a la puerta del lugar donde pasarían su noche de bodas. La novia todavía tendría cubierto su rostro, e imagino que le habrá preguntado: «Jacob, ¿vas a alzarme en tus brazos, así como en las novelas?». Seguramente Jacob levantó a la novia entre sus brazos, pateó la puerta de la habitación, apagó las luces, encendió música de violines y la depositó en el lecho matrimonial... y también creo imaginar que se embriagaron de amor hasta el amanecer. Es obvio que en esa instancia de la historia, no necesitamos saber más detalles.

Cuando los rayos del sol irrumpieron por la mañana, Jacob se despertó. La luz iluminó la sala... y el rostro de su flamante esposa, es allí cuando Jacob descubre que con quien se había casado y pasado toda la noche no era Raquel sino Lea, ¡la hermana fea!

«¿Qué hace mi cuñada en mi cama?», se habrá preguntado Jacob. Sin haberlo notado bailó toda la noche con la más fea. Y lo que es peor, «había hecho el amor con la más fea».

Si quieren ver a un hombre enojado y muy furioso, acompáñenme y vean a Jacob.

«A la mañana siguiente, Jacob se dio cuenta de que había estado con Lea, y le reclamó a Labán: ¿Qué me has hecho? ¿Acaso no trabajé contigo para casarme con Raquel? ¿Por qué me has engañado?» (v. 25).

Pero su suegro respondió: «La costumbre en nuestro país es casar primero a la mayor y luego a la menor. Por eso, cumple ahora con la semana nupcial de ésta, y por siete años más de trabajo te daré la otra» (vv. 26–27).

El suegro le pidió que trabajara siete años más por Raquel. Trabajaría catorce años para finalmente tener a la mujer de su vida. Pero Jacob no dudó. Amaba a Raquel, aunque también estaba casado con Lea, con la fea.

El desprecio a Lea

Jacob estaba tan enojado que en cuanto pudo le dio el anillo de bodas a Raquel. Finalmente estaba casado con la mujer de su vida, no obstante debía trabajar siete años más. Pero Jacob despreciaba a Lea, la hermana de su amada, un poco porque era la hermana fea y otro poco porque había sido parte del engaño. Lea y su padre hicieron trampa. Así que cuando Jacob regresó ante Lea, le habrá dicho: «Lea, nunca tendrás mi amor. Me engañaste. Yo pensé que eras Raquel, tu hermana. Estaré casado contigo, pero nunca jamás te amaré».

Jacob menospreció a Lea y amó a Raquel. No podemos culparlo. Habría que estar en su lugar. Lea lo había engañado. Pero Jacob no podía olvidar bajo ningún punto de vista, que estaba casado también con Lea. Esa era su realidad. Pero ante su menosprecio, Dios cerró el vientre de Raquel para que no fuera fértil. De modo que Jacob no podía tener hijos con la mujer de sus sueños. Solo pudo tenerlos con Lea... la fea.

Esto nos enseña algo muy particular, en primer lugar, a todos los buscadores de cajitas felices, aquellos que siempre ven el césped del vecino más verde. Aquellos que creen que la piscina ajena tiene el agua más clara. Deben aprender que: «Es malo amar tu sueño y divorciarte de tu realidad». Si no amas lo que tienes, Dios nunca te permitirá llegar a lo que deseas. Si no bendices tu Lea, tu realidad, nunca tendrás fruto con tu visión ni con tu sueño.

Algunos suelen decir: «Algún día Dios me dará las naciones y seré pastor, ministro. Tendré la unción de fulano y de mengano». Pero mientras tanto, no se sujeta a una autoridad, no obedece, no es fiel, maldice su realidad, pero solo quiere casarse con su sueño. Eso es imposible. Dios nunca permitirá que te cases con tu Raquel, si primero no bendices a tu Lea.

Seguramente habrás escuchado a personas decir: «Cuando tenga el trabajo que deseo, voy a llegar temprano y voy a trabajar en lo que me gusta». Quiere casarse con su sueño, pero menosprecia lo que tiene. No bendice lo que ya tiene. Eso es lo que la Biblia dice, que el que es fiel en lo poco, sobre mucho Dios lo pondrá. Pero cuando no quieres tener hijos con tu realidad, Dios cerrará el vientre de la visión a futuro. No podrás lograr tu sueño.

Cuando era muy joven un pastor alemán me dijo: «Dante, usted no tiene talento. No tiene unción. Toque la batería, pero bajito por favor, porque esa batería proviene del mismo demonio». Está claro que la batería era el instrumento que tocaba en esos años. Pero cada vez que lo escuchaba decirme esas cosas me enojaba, aunque en mi interior decía: «¡Este hombre no valora lo que Dios me ha dado!». Pero el Señor me dijo: «Si no bendices tu realidad y das gracias por este momento, nunca podrás casarte con tu sueño». Debo reconocer que si pude predicarles a multitudes, fue porque en ese momento aprendí con dolor, como Jacob, a amar lo que tenía.

El descontento de Israel

Lea tipifica todo lo que no te gusta y, sin embargo, tienes que bailar con ella. Significa todo lo que no te agrada y, sin embargo, tienes que bendecirla. Israel vivió cuatrocientos años de esclavitud. Añoraba ser libre y apareció un libertador que los estaba guiando, pero cuando algo ocurrió, murmuraron. Lee cómo lo describe la Biblia: «Llegaron a Mara, lugar que se llama así porque sus aguas son amargas, y no pudieron apagar su sed allí. Comenzaron entonces a murmurar en contra de Moisés, y preguntaban: «¿Qué vamos a beber?» (Éxodo 15.23–24).

Murmurar. Esa palabra se iba a hacer famosa en Israel. Ellos inventaron la «cultura de la queja». Toda la comunidad murmuró contra Moisés diciendo: «¡Cómo quisiéramos que el SEÑOR nos hubiera quitado la vida en Egipto! —les decían los israelitas—. Allá nos sentábamos en torno a las ollas de carne y comíamos pan hasta saciarnos. ¡Ustedes han traído nuestra comunidad a este desierto para matarnos de hambre a todos!» (Éxodo 16.3).

Habían visto cómo murieron los egipcios mientras los perseguían. Vieron cómo se abrió el mar en dos y los dejó cruzar por tierra seca. Y ahora estaban hartos, quejándose y diciendo: «Ojalá hubiésemos muerto en la esclavitud».

Dios le dijo a Israel: «Bien, ¿quieren comida? Habrá comida». Y descendió del cielo un alimento versátil que era el maná. Una suerte de esponja de algodón comestible. Podían hacer maná a la cacerola, maná al vapor, maná frito, dulce de maná, pastel de maná, tacos de maná, mojitos de maná.

«Al populacho que iba con ellos le vino un apetito voraz. Y también los israelitas volvieron a llorar, y dijeron: "¡Quién nos diera carne! ¡Cómo echamos de menos el pescado que comíamos gratis en Egipto! ¡También comíamos pepinos y melones, y puerros, cebollas y ajos! Pero ahora, tenemos reseca la garganta; ¡y no vemos nada que no sea este maná!"» (Números 11.4–6).

Nada de lo que habían vivido les bastó. Se volvieron a quejar. ¿Cómo era posible que se quejaran cuando habían sido protagonistas de tantos milagros? Salieron de la esclavitud, iban camino a una tierra mejor, y se estaban quejando. No quiero a mi Lea, quiero a mi Raquel. Muy bien, yo te voy a dar tu Raquel, pero también estás casado con Lea.

La vida está llena de regalos imperfectos. Si estás casada, seguramente no tardaste mucho tiempo en darte cuenta de que tu marido está ligeramente defectuoso. Si eres esposo probablemente no tardaste mucho tiempo en darte cuenta de que tu mujer también tiene leves fallas. Él es el hombre de tu vida, es amable, gentil, galán, está ungido, pero cuando se acuesta a dormir... ¡ronca como un hipopótamo! Y tú dices: ¡Está defectuoso!

Cuando una madre tiene un niño, ¿qué dice?: «¡Es perfecto!». Pero todos los padres sabemos que tener diez dedos en las manos y diez dedos en los pies no es sinónimo de perfección. Tarde o temprano ese niño crecerá y tendrá algunas fallas. No era tan perfecto como creíamos. No tiene la inteligencia del abuelo ni los ojos de la abuela. No es la perfección que imaginábamos.

La práctica de la gratitud

Amamos el ministerio y que Dios nos use. Nos encanta que nos envíe a las naciones. Pero luego que estamos en el ministerio, todo no era como lo veíamos de afuera. No es tan perfecto.

Convivo con hombres de Dios, con siervos de Dios, alrededor del mundo. Los veo en congresos, seminarios y también en cenas informales. Hombres de Dios que admiro mucho. Pero al convivir con ellos me doy cuenta de que no son perfectos, que hay cosas que no me gustan y actitudes que no son admirables. No me costó mucho darme cuenta de que no son perfectos. Seguramente a ellos tampoco les ha costado mucho darse cuenta de que yo tampoco lo soy.

El problema no es descubrir que no somos perfectos, sino alegrarnos por los regalos imperfectos que Dios nos da. Dios se alegra con nosotros, aunque somos imperfectos. De otro modo, buscaría gente perfecta. Pero se deleita con nosotros y nos dice: «Mi hijo, tienes tantas imperfecciones, pero igual te amo». Así como tú amas a tus hijos y a tu cónyuge, con imperfecciones, con ronquidos, con olores desagradables. Lo amas y dices: «Yo sé que tiene ligeras imperfecciones, pero es lo que Dios me ha dado y lo amo».

Jacob, cuidado con subestimar a tu Lea, porque nunca podrás tener futuro con tu Raquel. Nunca puedes divorciarte de tu realidad y casarte con tu sueño. Nunca.

¿Tienes un sueño grande? Ama tu realidad.

La Biblia señala que Lea, la fea, tuvo hijos de Jacob, y Raquel era estéril. Por lo tanto, Jacob solamente podía tener descendencia a través de ella. Una vez que Jacob amó a Lea y tuvo hijos con ella, el vientre de Raquel se hizo fértil. Primero Jacob tuvo que amar su realidad, para luego alcanzar su sueño, tener hijos de la mujer que sí amaba.

¿Quieres tener una empresa y que Dios te haga rico? Bendice el trabajo que tienes, aunque tengas que limpiar una casa ajena. Jacob aprendió la lección y bendijo todo, hasta volcó aceite sobre una piedra. Aprendió a bendecir todo lo que pisaba la planta de su pie, porque entendió que Dios se lo estaba dando.

Amigo, bendice el sitio donde naciste, donde Dios te plantó, y no subestimes a Lea, porque seis de las doce tribus de Israel salieron de su vientre. La mitad de tus éxitos vendrá de aquello que no te gusta hacer ahora. La mitad de tu unción, de tu éxito financiero, y de todo lo que lograrás llegará al bendecir lo que no te gusta, «por haber bailado con la más fea».

No subestimes tu realidad. ¡Bendícela!

Jacob no debía subestimar a Lea porque de su descendencia, luego de varias generaciones, nacería el Señor Jesucristo. Lea sería una tatarabuela de Jesús. Después de todo, nunca sabes cuándo se está gestando algo grande.

CAPÍTULO 7

SITUACIÓN LÍMITE

Si algún día iba a recopilar mis mejores mensajes, no podía pasar por alto este en particular. Recuerdo que tenía unos trece años cuando llegó a nuestra pequeña congregación un pastor de Brasil y predicó un mensaje acerca de Abraham en el monte del sacrificio. Y aunque tengo un recuerdo muy vago de aquel sermón, puedo recordar que afirmaba que padre e hijo seguramente cantaban juntos una canción brasileña en el Monte Moriah. Produjo algunas risas pero también logró conmovernos, con solo pensar en lo que humanamente sintieron durante aquella prueba tan difícil. Recuerdo haber pensado: «Si alguna vez me convierto en predicador, incluiré una historia como esa en una de mis conferencias».

Muchos años después, mi futuro suegro me invitaba a predicar en su iglesia en la ciudad de Morón, Buenos Aires. Fue durante un caluroso diciembre del año 1989 cuando expuse por primera vez este mensaje: lo que pudo haber ocurrido en el cielo, mientras Abraham obedecía la voz de Dios. A los pocos meses me casaba con Liliana y al año siguiente recibía una propuesta de grabar ese mismo mensaje en un disco, en el que además incluía «La historia jamás contada», también seleccionada para este libro. Sucedió algo inusual para aquella época: se vendieron miles de copias de un disco en el que un predicador casi desconocido relataba esta historia tan particular y fue aquel mismo relato, el medio que Dios utilizó para abrir las puertas de decenas de congregaciones que querían escucharla en vivo. Aún sigue siendo mi sermón favorito y es mucho más extenso que lo que figura aquí, pero quise transcribir la última parte, que también sirvió de disparador del libro Las arenas del alma (Editorial Vida). En resumen, este fue uno de mis primeros mensajes, y suelo decirle al Señor que también me gustaría predicarlo como uno de los últimos, antes de que me llegue el turno de partir de esta tierra.

Hay alboroto en los cielos. Vamos a dar un recorrido por el cosmos. Tengo mis razones para pensar que todo lo que te diré, pudo haber ocurrido. Acaso porque alguna vez pasé por esa estación de la vida, y supongo que eso me da cierta autoridad para opinar al respecto. Como te dije, hay alboroto en los cielos.

«Entonces le dijo a sus criados: Quédense aquí con el asno. El muchacho y yo seguiremos adelante para adorar a Dios, y luego regresaremos junto a ustedes» (Génesis 22.5).

Desde hace tres días, en el módulo de tiempo de los mortales, hay cierto movimiento atípico allí arriba. La noticia de que el patriarca Abraham tendrá que sacrificar a su amado hijo cayó como un balde de agua fría entre los ángeles. Algunos están un tanto convulsionados. En especial, dos de ellos. Gabriel y Miguel.

—Es algo extraño —dice el primero— se supone que fue Dios quien le dio al profeta ese hijo en la vejez.

—Por otra parte, por lo que sabemos, de ese hijo iban a nacer millones de descendientes, muchos reyes, una nación poderosa a través de la cual el mundo entero iba a ser bendecido, una posesión eterna de la tierra prometida y un pacto eterno con Jehová —responde Miguel dejando ver un gesto de asombro.

—Quizá Abraham haya hecho algo... digamos, incorrecto.

—Oh, no. No creo que se trate de eso —replica Gabriel—. Además, de haber sido así, ¿crees que Dios cambiaría todo un plan perfectamente diseñado por un error humano?

—Bueno, ha habido casos que mejor ni recordarlos...

—Pero no es este, te lo aseguro. Abraham ha demostrado que es amigo del Creador, y no hay registros aquí arriba de que haya cometido un error grave como para que Dios ya no pudiera confiar en él.

Por un momento, Miguel hace una pausa, no responde. Pierde su mirada en el cielo impecablemente azul.

—Estaba pensando —dice— qué debe sentirse en el momento que descubres que Dios te considera su amigo. Debe ser una sensación inigualable.

—Que no te quede la menor duda, Miguel. Ese es uno de los privilegios que tienen los hombres. ¿A qué puedes temerle sabiendo que cuentas con la amistad del Creador de los cielos y la tierra?

—Supongo que a nada. Esa debe ser la razón por la que camina con su hijo hacia el monte Moriah.

Mientras tanto, en la superficie terrestre, la pequeña caravana llega a su destino. El monte Moriah emerge como un enorme gigante, en medio de una meseta seca y febrilmente calurosa.

Abraham sabe que aquello que se avecina debe vivirlo de manera privada, con su hijo como único testigo.

—Bien. Ustedes pueden quedarse esperando aquí —les dice a los siervos, secándose las gotas de sudor—, yo me arreglaré con el muchacho.

—¿Está seguro de que no necesita ayuda? —pregunta uno de ellos, mientras desata la leña de la mula.

—No, estará bien así. El muchacho es fuerte para cargar la leña sobre sus hombros. Por otra parte, no tardaremos mucho, adoraremos y volveremos a vosotros —culmina el patriarca, mientras que observa el monte que tendrá que escalar.

Los ángeles están grabando ese preciso instante en sus memorias. Dentro de unos miles de años, verán a otro joven subir al monte del sacrificio. Pero con dos diferencias significativas, en lugar de doce, tendrá treinta y tres años, y en vez de leña, cargará una cruz.

Cada paso rumbo a la cima del monte, es como si trozos de plomo se incrustaran en las viejas piernas del profeta. Está absolutamente extenuado; no tanto por el cansancio de los tres días de camino, sino por la carga emocional que destroza su corazón.

Este es el último tramo y es bueno aprovecharlo para meditar un poco.

Su fe no ha declinado, pero ahora siente que está demasiado cerca de la última oportunidad. Es como si Dios se estuviese divirtiendo, tardando más de la cuenta.

¿Por qué tienen que pasar cuatro días de fiebre intensa en nuestro niño para que finalmente Dios haga la obra?

¿Por qué razón tenemos que esperar, ansiosos, una resolución tardía de la justicia, respecto a esa demanda que ha intentado quitarnos la paz?

¿Por qué el hombre de tu vida no pudo aparecer unos cuantos años antes?

En ocasiones, sentimos que el reloj divino sufre un atraso demoledor.

Pero algo especial ocurre en el cielo. Yo diría, algo bastante singular.

Por alguna razón, ya se ha corrido el rumor entre los ángeles. Miguel y Gabriel no están solos sino que, además, hay una decena más que parecen preocupados e intrigados.

Nunca el Todopoderoso había ordenado a un mortal algo de estas singulares características. Están ante un caso que no registra antecedentes.

—Deberíamos preguntar —comenta Gabriel.

—¿Preguntar? ¿Crees que simplemente uno puede acercarse al trono blanco y sencillamente decir: «Perdóname, Señor, pero quiero preguntar algo»?

—No veo por qué razón no podríamos preguntar.

—Porque hay cosas que no nos son dadas a saber a los ángeles. Por esa sencilla razón. Estás completamente loco —responde Miguel—, si consideras que Dios debería darnos una explicación.

—No hablo de explicaciones, yo no lo vería de ese modo. Solo opino que podríamos elegir a un delegado para que le pregunte al

Señor respecto a lo que sucede con Abraham. En el peor de los casos, te dirá que a su tiempo lo sabrás o que no lo sabrás nunca. No lo veo tan complicado.

—¿Qué intentas decir con que «te dirá»? No pretenderás que sea yo quien vaya a preguntarle, ¿verdad?

—No veo a otro más indicado que tú, Miguel. Y a decir verdad, has sido elegido por unanimidad. Por otra parte, no cuentas con demasiado tiempo a tu favor, el profeta ya va rumbo a la cima.

El trono de Dios se levanta majestuoso en medio del coro superior de ángeles. Una luz indescriptible rodea el inmenso ámbito de donde está sentado el Padre. En riguroso silencio, Dios está contemplando al patriarca y su pequeño hijo. Una suave neblina pareciera envolver el cuadro celestial.

Miguel se acerca respetuoso al gran trono del Señor.

—Dios Todopoderoso —dice, arreglándose la garganta—, no tienes que responderme si no lo deseas. Pero sucede que tenemos, digamos, una pequeña duda que quizá quisieras disiparnos.

No sé por qué exacta razón, quizá sea por haberlo oído en la intimidad de mis oraciones, pero estoy seguro de que a Dios le gusta reír. La carcajada se oye en todo el cielo. Él sabe lo que Miguel ha venido a preguntarle, obviamente.

—Diles a los demás, que no tienen de qué preocuparse. Solo es una crisis. Una prueba de su fidelidad. No dejaré que le haga daño al muchacho.

Miguel siente que su corazón vuelve a su debido cauce. Una crisis. Eso es todo. De eso se trata, de una prueba.

Ahora sí hay buenos motivos para que todos se tranquilicen. Eso es lo bueno de saber que el Señor está al control de todo lo que sucede. Él no te da una carga más pesada de la que podrías soportar. Ten la seguridad de que si Dios lo permite, es porque hay un loable propósito detrás. Que juntamente con la prueba, preparó la salida.

Abraham puede quedarse tranquilo, a pesar del angustiante dolor, sabiendo que Dios está presente.

—Nunca dudé que fueses capaz de sacrificar a su hijo —dice el Señor.

—¿No? —pregunta incrédulo Miguel—, puedo preguntarte entonces, ¿cuál es el propósito de la prueba?

—¿El propósito? Es mucho más que solamente probar si sería capaz de negarme lo que más ama. He esperado este momento por más de ciento doce años, ya verás el propósito —dice el Señor, sonriendo.

Los ángeles respiran aliviados. A esta altura, unos doscientos de ellos, observan con profundo respeto lo que va a ocurrir en el Monte Moriah.

—Quédate por aquí, Miguel —continúa diciendo Dios—, te diré cuándo debes avisarle a mi amigo que no lo haga.

¡Qué bien le sonó esa palabra al ángel! Amigo. Y por si fuese poco, él tendrá el placer de decirle al amigo del Creador que no mate a su hijo. Mientras que el patriarca y su hijo dan los últimos pasos en silencio hacia la cima, Miguel piensa que después de todo, este será un buen día. El día que finalizará la crisis del profeta, frente a un público de ángeles que lo admiran profundamente.

Por su valor, y sobre todo, por lograr la atención de Dios y todo un cielo. Lo cual es más de lo que puede pretender cualquier hombre que haya pasado por la tierra.

«Cuando llegaron al lugar señalado por Dios, Abraham construyó un altar y preparó la leña. Después ató a su hijo Isaac y lo puso sobre el altar, encima de la leña» (Génesis 22.9).

Ahora el viento sopla sin piedad sobre la cima del monte. La figura recorta la silueta de Abraham sobre el horizonte, apenas apoyado, casi suspendido sobre su bastón arqueado. Acaba de arribar a lo más alto de Moriah y se siente fatigado. A lo lejos, un águila reposa con recelo, haciendo movimientos nerviosos con su cabeza. Es el único testigo silencioso, que observa sigilosamente, desde una peña. «El cielo no debería estar así», dice entre dientes.

El patriarca comienza a sentir que finalmente Dios no intervendrá. Que no llegará a tiempo, ni está entre sus planes ayudarlo a salir de esta crisis. Pero también está consciente de que es hora de construir el altar.

El hombre se encargará de las piedras más grandes y el muchacho de las pequeñas.

Mientras hace un último esfuerzo por levantar cada roca, siente que Dios está más lejos que de costumbre. Que el Creador ha decidido ignorarlo arbitrariamente. Tiene la amarga sensación de sentirse solo, en medio de la nada.

También cree que ya es hora de decírselo al muchacho. Durante tres días ha estado meditando en cuáles podrían ser las palabras correctas. Cómo decirle a la razón de su vida, que debe asesinarlo y lo que es mucho peor, en nombre de Dios.

También ha pensado mucho en Sara. No está demasiado seguro de que lo comprenderá tan fácil. Quizá le reclame por no habérselo dicho, habría tenido la oportunidad de estar allí en las horas finales de su hijo, por lo menos.

Pero no lo juzgues apresuradamente. Abraham no está acostumbrado a esas cosas. Ciento y tantos años de vida no lograron prepararlo para ese momento.

—Isaac, ven aquí, tenemos que hablar —dice, como interrumpiendo sus propios pensamientos que no le han dado tregua.

El muchacho es inteligente y sagaz. Sabe que algo anda mal, le parece sospechar de qué se trata.

—No tienes nada que decirme, papá —afirma—, sé lo que vas a decirme y puedes contar con que lo entenderé.

¿Querías ver a un padre asombrado? Aquí lo tienes. El viejo profeta se lleva la mano a su corazón y busca una piedra donde sentarse, mientras que el chico sigue sonriendo, como si realmente nada trágico estuviese pasando.

—¿Quieres decir que todo el tiempo sabías lo que estaba ocurriendo? —pregunta incrédulo Abraham, no dando crédito a lo que su hijo acaba de decirle.

—Por supuesto. Aun cuando intentabas hacerme ver que tenías todo bajo control, yo sabía que algo no estaba bien. Sé que te olvidaste del cordero y pensabas que Dios iba a proveerlo. Pero no tienes de qué preocuparte, puedo bajar y regresar por uno.

Las palabras brotan a borbotones de la boca del muchacho al igual que su inocencia. Abraham cree que la vida le está haciendo una broma de mal gusto. De igual manera, juega con las mejillas de Isaac, y le dice:

—No se trata de un problema de mala memoria. No podría olvidarme del cordero. Mucho menos tratándose de un sacrificio para Jehová, pequeño —y agrega—, tú sabes que siempre he tratado de tener todas las respuestas, pero no creo que vayas a comprender lo que tengo que decirte.

El muchacho está petrificado. Nunca ha visto a su papá tan serio y preocupado. Bueno, quizá aquella vez que dejó escapar a gran parte del ganado y se ganó una penitencia, pero esto tiene que ser algo mucho más serio.

Abraham abre su boca, pero no logra encontrar las palabras adecuadas. Acaso, porque cuando se trata de matar a un hijo, tal vez no existan en ningún vocabulario del mundo.

De todos modos, el muchacho ya leyó los ojos de su padre. No hacen falta las palabras.

—¿Vas... a... sacrificarme a mí? —pregunta con la voz entrecortada.

El hombre asiente con un ligero movimiento de cabeza. Ahora se funden en un silencioso abrazo. Para serte franco, no pude ver de quién fue la iniciativa, tal vez fue su hijo que se arrojó al seno de su padre. O quizá fue Abraham el que lo empujó hacia sí mismo. Sea quien fuere, acaban de conmover a los cielos.

Miguel está desesperado y demasiado ansioso. Detrás de él, ya no hay un par de centenas de ángeles; sobrepasan los mil quinientos espectadores que baten sus alas dirigiéndose de un sitio a otro.

Mientras tanto, Dios sigue observando con detenimiento. Como quien, a través de una lupa, no quisiera perderse un solo movimiento de su pequeño amigo.

—Déjame bajar —implora Miguel—, ¡va a matar a su hijo!

—Aún no —dice el Señor—, sé cuál es el límite de mi siervo, y estoy seguro de que puede soportar un poco más. Por otra parte, aún no ha hecho aquello por lo que he estado esperando durante más de cien años.

Abraham sabe que el muchacho no se resistirá al sacrificio pero, aun así, considera que sus propios instintos naturales pueden traicionarlo. Así que, saca una soga del improvisado equipaje y le pide a Isaac que una sus muñecas y sus pequeños tobillos. El niño obedece, mientras solloza casi en silencio.

Este no era el día de campo que soñaba pasar con su padre. Él también, aunque apenas tuviera doce años, tenía sus propios planes. De regreso a casa, quería pintarle un cuadro a su madre y, si no llegaban muy de noche, quizá remontar un cometa por el aire. También tenía otros proyectos para el próximo fin de semana. Cualquier cosa, menos morir. Y mucho menos en manos de su padre.

Abraham no la está pasando mejor. Detente en la manera que está maniatando al niño. Es el nudo más difícil de hacer en toda su vida. ¿Crees que está muy viejo para ceñir con fuerza a alguien de doce años? No lo subestimes, recuerda que ha atado corderos, que no estaban dispuestos a morir, durante toda su vida. Si tarda, es porque aún imagina que puede haber una contraorden del cielo. Un imprevisto giro de la historia. Una voz que le diga que todo fue una broma pesada.

Ahora sí, hay una revolución en el cielo. Unos tres mil ángeles contemplan el patético cuadro del solitario Moriah. Si prestas atención, podrás oír un murmullo continuo. Se preguntan si Miguel no se está retrasando en salir. Si acaso algo puede salir mal. Si Dios tiene en cuenta que cada minuto que corre, peligra aun más la vida del pequeño, cuyo nombre significa «risa».

—¿No sería conveniente que baje? —pregunta Miguel mientras hace el ademán de querer descender.

Dios levanta su mano y le dice:

—Aún no. Mi siervo puede soportar un tanto más. Sé que puedo confiar en él.

Isaac ya está atado y ahora su padre lo carga como si fuese un bebé y lo deposita en el altar. El niño no ha parado de llorar amargamente.

No quiere morir. Tampoco está muy seguro de que eso tenga que ser así.

—Hijo, mi pequeñito —dice el patriarca—, si deseas decirme algo, creo que este es el momento de la despedida.

Siempre tuve dudas en cuanto a cuáles serían aquellas casi últimas palabras del muchacho. Pero como también soy padre de dos niños, no tengo que hacer demasiado esfuerzo para imaginarlas.

—Solo que hubiese preferido que me lo dijeras cuando salíamos de casa, papá. No me despedí de mamá como habría querido. Apenas le di un beso, estando dormida, y la extraño mucho.

Las palabras de su hijo, terminan por conmover al hombre. Ya no puede fingir que todo está bajo control. Es imposible ver a tu niño, indefenso sobre un altar de sacrificio, y permanecer entero.

En una ocasión, nuestro hijo Kevin se abrió un gran tajo en su frente con el picaporte de un ventanal de casa. Recuerdo que mi esposa se asustó muchísimo al verlo bañado en sangre. Lo llevamos de urgencia a una clínica de emergencias, lo más difícil fue cuando lo deposité en una fría camilla para que los médicos suturaran la herida. «Tenga mucho cuidado —le dije—, se trata de mi hijo».

Aunque los médicos hacían su trabajo lo mejor posible, y yo trataba de estar tranquilo para que mi esposa no se preocupara, recuerdo haberme ido hacia un costado de la sala, para poder llorar.

Miré a mi esposa y le mencioné que si pudiera hacerlo, con todo gusto tomaría su lugar. Hubiese dado cualquier cosa porque de alguna manera pudieran suturar mi frente y dejar en paz a mi niño.

Así que me imagino lo que siente Abraham cuando su hijo lo mira desde el altar. Indefenso y con los ojos hinchados de llorar.

A esta altura, unos siete mil ochocientos ángeles contemplan la escena. Pocas veces, el cielo estuvo tan conmocionado. Dios no ha hablado una sola palabra durante la despedida entre padre e hijo, pero Miguel está asustado.

—Lo va a matar —dice—, sé que lo hará y no podré llegar a tiempo.

—Llegarás —responde el Señor—, tranquilo, que llegarás.

Aquel hombre que alguna vez almorzó con quien creó las estrellas y los cielos, ahora calienta el cuchillo sobre las llamas del fuego. Sabe que su hijo, por lo menos, no debe sufrir. Debe ser rápido y expeditivo. Las lágrimas de un hombre que conoció los mil desiertos parecen las de un pequeño que se siente abandonado en una gran ciudad. Dedica estos últimos instantes a mortificarse aun más. Piensa en la soledad de la habitación del niño, cuando tenga que regresar. En Sara. En la manera en que se lo dirá.

Es que siente que su corazón está demasiado viejo para ese tipo de penas. Siente que una parte de él también ha de morir junto al muchacho o, lo que es peor, respirará la muerte en cada suspiro que le reste de vida.

Considera que hubiese sido mejor no haber conocido al muchacho. Si le habrían dado a elegir entre una esposa de vientre estéril y ese momento, estoy seguro que elegiría la primera opción.

—¡Papá!

El grito de Isaac interrumpe abruptamente los pensamientos de Abraham.

—¡Papá! —insiste.

Curiosamente, con cada grito del muchacho, Dios comienza a incorporarse. Lentamente, como un ciudadano que oye las primeras notas de su himno nacional. El Señor se pone en pie, mientras más de ocho mil ángeles, retroceden varios pasos.

En ese mismo instante, el viento comienza a soplar más fuerte en la cima del monte. Y el profeta no quiere oír el llamado de su hijo.

—¡Papá! ¡Tengo algo que decirte! —implora desesperado.

El hombre hace caso omiso. Teme lo peor. Si todo está marchando más o menos bien así, no hay razones para empeorarlo, piensa. Quizá su hijo le ruegue que lo desate o le diga que no está dispuesto a morir. Tal vez le pida la oportunidad de dejarlo despedirse de su madre. No es una buena idea. Tendría que decidir entre la orden de Dios y el pedido de su amado hijo. No quiere estar entre la espada y la pared.

Es entonces que Dios habla. Pero no de la manera que estás pensando. Aún no permite que lo oiga Abraham. Solo menciona una frase que deja oír en todo el cielo.

—Vamos, Abraham. Escucha a tu hijo. Haz lo correcto. He esperado este momento durante mucho tiempo —dice.

Miguel sigue insistiendo en descender.

—Se acercará, lo matará y todo va a terminar de golpe en una tragedia —opina.

—Te equivocas, aún falta lo mejor —dice el Creador, y agrega—: vamos, Isaac, insiste un poco más. Tu padre tiene que escucharte.

Aunque los gritos del niño se mezclan con los sonidos del viento, su padre sabe que no podrá ignorarlo por mucho más tiempo.

Deposita el cuchillo sobre la leña y se acerca al muchacho.

—Papá —dice jadeante—, vas a matarme y aún no hemos adorado. Prometiste que adoraríamos. Y aún no hemos cantado ni una sola canción.

¡Qué ocurrencia!

Se nota que es inmaduro y que la vida no tuvo tiempo de enseñarle cuándo es que alguien debe cantar. Abraham quisiera enseñarle cuándo se supone que un adulto deba adorar.

Tal vez deba aclararle que ese no es el momento ni el lugar apropiado para cantar.

Que uno suele cantar en el servicio de los domingos, cuando sabes que te están observando. O cuando grabas un disco y aparecerás en la portada. O tal vez en el coro, cuando sabes que están filmándote. O cuando posas para las fotografías. También es bueno hacerlo en una noche de celebración.

Pero, pequeño Isaac, un adulto maduro no canta después del sepelio de un ser amado. Tampoco luego de enterarte de los resultados negativos de un examen médico. Mucho menos, cuando esa enfermedad sigue intacta o cuando las deudas te arrastran a la quiebra.

Alguien debería decirle al niño que se canta los domingos.

Pero que nadie canta un lunes por la mañana.

Que se adora en las llanuras verdes, no en la soledad de los desiertos.

Bueno, tal vez no esté tan equivocado después de todo.

Probablemente por esa misma razón, miles de años después, el Señor mencione que debiéramos ser como ese niño, para comprender el Reino.

Quizá, justamente esa canción, sea lo que haya estado esperando Dios durante tanto tiempo. Convengamos que Abraham no quiere cantar. No lo siente. No tiene ganas. No hay ánimo para un servicio de celebración pero, aun así, sabe que no puede negarle un último deseo a quien está condenado a morir. Y aunque no le encuentra sentido, le pregunta a su hijo qué quisiera cantar.

Sé que hemos ido demasiado lejos, pero quiero que me acompañes un poco más.

Mientras estemos en la tierra, nunca sabremos qué canción pudieron haber entonado. Pero siempre imaginé, que de haberla sabido, habrían elegido la bellísima «¡Cuán grande es él!».

La voz del niño comienza a confundirse con la desafinada voz de su padre.

Señor mi Dios, al contemplar los cielos,
el firmamento y las estrellas mil,
al oír tu voz, en los potentes truenos,
y ver brillar al sol en su cenit

Por un momento, trata de olvidar a este improvisado dúo de cantantes y levanta tu mirada un poco más.

Dios está sonriendo.

Ha esperado más de ciento doce años por esa canción.

—Escuchen —dice—, oigan y deléitense. Este era el propósito de la crisis.

¡Qué diferente suena a muchas canciones huecas y religiosas de domingo! Escuchen el corazón de un hombre quebrantado junto a su niñito. Ni siquiera sospecha que puedo estar oyéndolo, pero aun así, está cantándome. Es un bálsamo reconfortante para mis oídos.

«Mi corazón, entona esta canción: ¡Cuán grande es él, cuán grande es él...».

—¿No crees que ya está bien? —dice Abraham.

—No papá, cantemos solo un poco más —implora el pequeño.

«Mi corazón, entona esta canción: ¡Cuán grande es él, cuán grande es él...».

Déjame decirte que estoy seguro de que en toda la historia, hubo solo dos momentos en que los cielos enmudecieron por completo. Cuando crucificaban al Señor en el Gólgota y en esta ocasión.

El murmullo de los ángeles se ha detenido por completo. Coros superiores e inferiores pararon de cantar. Los mejores barítonos y tenores que ha dado el cosmos escuchan en silencio la canción del viejo profeta y su pequeño hijo, que sube desde el lejano monte Moriah.

A pesar de estar cantando, los ojos del profeta denotan que está en crisis. Piensa que no debería estar elevando una adoración, pero lo hace, aun a pesar de su estado de ánimo. Si tengo que serte demasiado frontal, te diré que la canción no suena del todo bien. No hay orquesta ni tonos que seguir. Las voces son desiguales y ninguno de los ejecutantes está afinando.

Pero es lo que menos le importa al cielo ahora. Dios está oyendo sus corazones.

La prueba tenía su fecha de vencimiento. Tenía hora, momento y lugar, cuando debía finalizar la crisis. Era exactamente cuando comenzaran a cantar.

Sé que lo has oído decenas de veces. Me refiero a la idea de alabar en medio de la angustia. Pero estoy seguro de que, al igual que Abraham, no sospechabas que cuando lo haces en medio de la noche más oscura de tu alma, tienes al mejor público que un artista jamás ha soñado tener: Al mismísimo Dios y millares de ángeles que te oyen en silencio.

«Mi corazón, entona esta canción: ¡Cuán grande es él, cuán grande es él...».

Las últimas estrofas parecen mezcladas con las lágrimas de dos seres que se han aprendido a amar demasiado en estos últimos años.

El padre esperó por más de cien años para ver jugar a ese muchacho. Tiene los vívidos ojos de su madre. Su mismo mentón. Y, por sobre todo, unos deseos ardientes de vivir. Abraham se despide del chico con un beso en la frente. Le murmura algo al oído. No alcancé a escucharlo del todo. Tal vez le dijo algo como: «Nos vemos pronto, en el cielo».

Ahora sí, piensa que eso debe terminar de una buena vez. Considera que el cielo no debería estar tan inerte, tan gris. Y se le cruza por la mente que hubiese sido mejor no haber cantado.

Es entonces, cuando Dios le dice a Miguel que detenga la muerte del pequeño Isaac.

Miguel comienza a descender a la velocidad de la luz. Atraviesa el segundo cielo, el primero, la Vía Láctea, los planetas.

Abraham levanta el cuchillo mientras que el muchachito cierra los ojos para no ver el impacto. Miguel piensa que no va a llegar a tiempo. Que quizá salió demasiado tarde. Que no podrá detener la indeclinable decisión del profeta.

Venus, Plutón, Júpiter, Marte y Neptuno son mudos testigos de la carrera vertiginosa de un ángel que tiene un mensaje de Dios y un diploma que otorgar.

El hombre observa el cielo gris por última vez, y finalmente, baja el cuchillo. Es cuando todo el monte oye el grito de un ángel: «¡Abrahaaaaaaaaaaaaaam!». El patriarca detiene el puñal apenas a pocos milímetros antes del pecho de su hijo. El ángel se recuesta sobre una de las rocas. También se lo ve fatigado. Estuvo cerca, demasiado cerca.

«Tengo un mensaje de parte de Dios, no tienes que matarlo, no le hagas daño —dice, mientras desenvuelve un pergamino—. Él dijo que conoce que le temes, porque no le has negado a tu único hijo».

Estoy seguro de que ahora no quieres irte del monte, justamente ahora. Pagarías cualquier fortuna por verle la cara al profeta. Es exactamente la misma expresión que tendrás cuando el ángel grite tu nombre. El mismo gesto de aquella vez que apareció justo cuando no lo esperabas.

La misma sonrisa de cuando te enteraste que no todo estaba perdido en tu familia. O cuando bebiste del néctar de una nueva oportunidad divina. O aquella vez, que ni siquiera sabes de dónde, apareció el dinero para pagar esas mortificantes cuentas.

Un inmenso telón gris comienza a abrirse, dejando paso a los primeros rayos de un sol radiante. El viento pareciera que ha desaparecido por completo. Ya no golpea la cara y los cabellos con impetuosidad. Ahora, solo es una suave brisa refrescante.

El hombre desata al niño que, confusamente, llora y ríe a la vez, haciendo honor a su nombre. Y la potente voz del cielo vuelve a oírse. Pero esta vez es el Amigo. Aquel que almorzó con él carne asada bajo un árbol, hace poco más de diez años, cuando ese hombre aún no sabía lo que era tener un hijo propio.

Le habla de multiplicación y de bendiciones. Menciona que sus hijos serán tantos como las estrellas de cielo, ante lo que el profeta no puede evitar reír.

También le dice que su descendencia será más fuerte que cualquier enemigo. Y que por cada grano de arena que se le haya incrustado en el alma, le dará un hijo. Pero nota cómo se lo dice Dios: «Tus hijos serán como la arena que está a la orilla del mar».

No cualquier arena. No está hablando de esos granos desérticos y pedregosos del solitario desierto de la prueba. Sino de aquella arena húmeda en la que podrá recostarse a descansar, sintiendo la suave brisa del cercano mar en su rostro. Mientras abraza al pequeño, Abraham vuelve a llorar. Pero estas son lágrimas distintas. Ya no hay dolor en el corazón del viejo patriarca. Son las lágrimas de quien ha terminado una crisis y recibe su diploma de honor.

CAPÍTULO 8

LOS DOS MANTOS

Este mensaje fue predicado en el Anaheim Convention Center, en el mes de noviembre del año 2012. Nuestra iglesia estaba creciendo de una manera asombrosa y un mes antes compartí un desayuno con el respetado misionero Rafael Hiatt, que me dijo: «¿Así que tienes siete pastores en tu equipo? ¿Y cuándo vas a soltarlos? Necesitas sembrar a tus mejores hombres en el reino de Dios, así como lo hicieron contigo». De aquella mañana es que surgió este mensaje desafiante basado en algunos conceptos magníficos que alguna vez escuché del inolvidable David Wilkerson. En FavordayChurch tuvimos la firme convicción de que había llegado el tiempo de comisionar a nuestro equipo pastoral a iniciar nuevas iglesias en el sur de California, pero quería dejar en claro que no podían comenzar solo basándose en que tenían un llamado a servir, puesto que necesitaban una doble porción del Espíritu de Dios para conmover a una ciudad incrédula.

De todos los sermones que haya predicado, este fue el que más movilizó a mis pastores y a cientos de líderes que lo vieron por televisión o Internet, a tomar decisiones trascendentales en sus ministerios.

Recuerdo el día en que mi vida dio un giro de ciento ochenta grados. Quizás en tu caso fue paulatino, primero llegaste a la iglesia y poco a poco fuiste creciendo hasta que el Espíritu Santo te tocó. Seguramente recuerdes ese momento cuando el llamado de Dios vino sobre tu vida y te dijo: «Ven, te necesito».

El día que viví esa experiencia fue sorprendente. Estaba en mi habitación, era una pequeña sala que mi papá había arreglado de forma provisoria para que yo durmiera, ya que la abuela había ido a vivir a nuestra casa. Mis padres decían: «La abuelita está muy anciana, pronto se va a morir, es preferible que esté en casa con nosotros para cuidarla mejor». Pero la verdad fue que la abuela vivió como quince años más, en mi habitación. Tuve que cedérsela para que se sintiera más cómoda. Así fue que aquella piecita del fondo de la casa, muy rudimentaria, se transformó en mi habitación, mi lugar en el mundo. Hasta el día de hoy, mis padres siguen viviendo en la misma casa y todavía existe ese lugar. Ahora se transformó en el lavadero, pero hace muchos años fue: mi habitación de soltero.

Cuando tenía solo dieciocho años, una noche estaba orando y buscando a Dios, de pronto el manto del llamado cayó sobre mí. No me lo tiró un profeta, fue un manto que vino directamente del cielo. No fue la unción que me prepararía para predicar a una multitud. Fue el manto del llamado.

La Biblia narra la maravillosa historia de Eliseo, que estaba esperando una unción, un llamado. «Elías salió de allí y encontró a Eliseo hijo de Safat, que estaba arando. Había doce yuntas de bueyes en fila, y él mismo conducía la última. Elías pasó junto a Eliseo y arrojó su manto sobre él. Entonces Eliseo dejó sus bueyes y corrió tras Elías» (1 Reyes 19.19–20).

Eliseo estaba arando con doce yuntas de bueyes cuando de pronto, Elías, que pasaba por allí, lo vio, se puso delante de él y le arrojó su manto, el manto profético que simboliza el llamado. Todo lo que Eliseo recibió estaba representado en ese manto.

Es sorprendente descubrir que cuando Eliseo recibió el llamado estaba trabajando. Esta es una de las formas en que Dios obra. Llamó a Moisés mientras cuidaba los rebaños de Jetro. A Gedeón mientras trillaba trigo. Llamó a David cuando estaba en el redil. A

Amós cuando hacía de boyero. Lo hizo con cada uno de los discípulos mientras estaban laborando en sus respectivos oficios.

Algunos creen que como no consiguen empleo, quizás Dios los está llamando para que trabajen en su obra. Pero no es así, ese no es el *modus operandi* de Dios. Dios te llama cuando estás muy ocupado, cuando estás en plena carrera.

Los hermanos de David no fueron los ungidos sino David, que estaba trabajando, ocupado. Dios vio el corazón de ese muchacho y dijo: «Este será el rey de Israel». Dios siempre llama a gente ocupada.

Eliseo estaba ocupado y de pronto un manto cayó sobre él, como en alguna ocasión cayó sobre nosotros por su gracia.

El primer manto

Al leer esta historia comprendí que hay dos mantos que caen sobre nuestra vida. El primero ha de caer sobre el que cree, ama a Dios y desea servirle. Si no hubiera sido así, no hubieras seguido a Cristo. Es el manto de la misericordia, de la gracia, del perdón de los pecados. Es el manto que hizo que Eliseo respondiera de manera instantánea.

Cuando Eliseo recibió el manto del llamado dejó los bueyes y fue corriendo en pos de Elías. No esperó una segunda oportunidad. No hizo preguntas. Simplemente fue. Cuando el poder profético viene sobre nuestra vida, no permanecerá en nosotros si no obedecemos de inmediato.

Cuando Dios nos llama y nos entregamos por completo a él, lo único que lamentamos es haber perdido tiempo antes de conocerlo. Lo primero que decimos es: «¿Cuánto tiempo de mi juventud desperdicié? Tantos años en los que no hice nada para Dios». Aunque el manto cayó sobre mí a los dieciocho años, igualmente me arrepiento de no haberlo tenido antes a pesar de que estaba en una iglesia, porque como muchos dicen: «El estar en un garaje no te convierte en un automóvil, como el estar en una iglesia tampoco te convierte en cristiano». Realmente lamenté mucho esos primeros años de mi vida sin el manto del llamado sobre mi vida, en los que podía haber hecho más de lo que hice. Imagino al que llega al Señor cuando ya tiene cuarenta o sesenta años... Lo cierto es que cuando nos encontramos con la cruz, nos convertimos de inmediato, nos entregamos al Señor de manera instantánea, igual que Eliseo.

El llamamiento no llegó a Eliseo en forma de mandato, sino de oferta. Él la aceptó de inmediato porque consideraba que valía la pena el sacrificio de dejar a los suyos. Pero hay algo que Eliseo pidió antes de abandonar todo: «Permítame usted despedirme de mi padre y de mi madre con un beso —dijo él—, y luego lo seguiré. —Anda, ve —respondió Elías—. Yo no te lo voy a impedir» (v. 20).

Eliseo quería avisarles a sus padres que iba detrás de Elías para que no se preocuparan: «Déjame despedirme de mamá y de papá con un beso, ya que posiblemente no me vuelvan a ver más». Eliseo sacrificaba todo, hasta su familia. Elías entendió su pedido y dejó que lo hiciera.

¿Qué les habrá dicho Eliseo a sus padres? ¿Qué se le dice a alguien que tiene doce yuntas de bueyes, del que eres su mano de obra, de la cual posiblemente dependía gran parte de la familia?

Imagina esta charla:

—Papá, sentí el llamado de Dios.

—¿Cómo que sentiste el llamado?

—Sí, me cayó un manto mientras estaba trabajando.

—Pero... ¿estás seguro de que te cayó el manto? Y... ¿si es el de un loco?

—No, yo sé que era el de un profeta, lo sentí, la unción cayó sobre mí, y no quiero perder esta oportunidad. Este no es un hombre que anda tirando mantos por ahí a cualquier labrador. Presumo que debe ser una oportunidad única y no quiero perderla.

Eliseo se habrá despedido de su familia y avanzó en el camino. Pero no solo se desprendió de la familia, sino también de su oficio, de sus herramientas de trabajo y de todo lo que habría construido y trabajado hasta ese día.

Lo siguiente que hizo fue: «Tomó su yunta de bueyes y los sacrificó. Quemando la madera de la yunta, asó la carne y se la dio al pueblo, y ellos comieron. Luego partió para seguir a Elías y se puso a su servicio» (v. 21).

El buey no era comestible, era una herramienta de trabajo. Se puede matar un cerdo, un cordero, pero matar un buey significa que estás quemando las naves, quemando las herramientas de trabajo. Eliseo tenía doce yuntas de bueyes, que era como tener doce tractores o doce camiones. Tomó uno de esos camiones y lo desarmó. El arado también es una herramienta de trabajo que hay que cuidar delicadamente, pero Eliseo lo usó de parrilla para cocinar la carne. Mató a los útiles bueyes y usó las herramientas de su trabajo para honrar a quienes habían trabajado para él.

Al mismo tiempo, Eliseo les estaba dando una clara señal a sus empleados y a su familia: «Ya no voy a trabajar más en esto. A partir de ahora empiezo mi ministerio». Pero... el haber recibido el primer manto, ¿le hizo digno de recibir el segundo?

Dios no llama a los ofrecidos

Algunos capítulos después comienza una historia extraordinaria, uno de los pasajes más magníficos en la historia milagrosa de un envejecido profeta Elías y su siervo Eliseo.

Pasan algunos años después de ese primer manto y Dios anuncia que se llevaría a Elías en un torbellino. Sin decir nada, Elías y Eliseo comenzaron el camino hasta el momento de partir.

Un día, mi esposa Liliana me hizo un planteamiento extraño para ese tiempo:

—Dante, ¿y si nos vamos a vivir a Estados Unidos?

—Liliana, con lo que hemos hecho en Argentina, con lo que Dios nos ha usado aquí. Hemos llenado algunos estadios. No creo que pueda moverme a otro país. ¿Cómo voy a sobrevivir allí si ni siquiera hablo el idioma?

Pero, empezamos a orar.

Una tarde mientras manejaba en las calles de Buenos Aires, miré a mi alrededor y me sentí extranjero en mi propio país. De pronto no conocía nada. Suelo perderme en las calles, pero... ¿allí? Algo ocurrió. Todo me parecía extraño, como si no fuera mi país.

Las raíces que hasta ese momento creía profundamente arraigadas, Dios las había arrancado de mi corazón y momentáneamente puso mi corazón en otro país. Él tenía un nuevo plan para mi vida.

Cuando esa noche llegué a mi casa le conté a Liliana lo que me había ocurrido y ella me confirmó que le había sucedido lo mismo. Dios quitó nuestro corazón de la ciudad donde vivíamos por más de treinta años y nos puso carga por otro lugar.

El hombre de Dios sabe cuándo tiene que moverse. El hombre de Dios siempre sabe cuándo terminó su tiempo en un lugar. No quiero estar en los zapatos de aquel que permanece en un sitio cuando Dios le dice: «Tu tiempo aquí se terminó».

Y eso fue lo que Dios le dijo a Elías: Tu tiempo en esta tierra, terminó. Pero tenía que dejar un sucesor. Elías nunca le preguntó a Eliseo si quería sucederlo o reemplazarlo. Pero Eliseo lo servía, le decía: «Elías, ¿quiere que le cambie las sandalias?, ¿lo ayudo? ¿le lavo los pies?». Eliseo era su asistente, su secretario. Donde iba el profeta, Eliseo lo acompañaba.

Sorpresivamente Elías tuvo la carga de los que saben que terminan una etapa y tienen que dejar a otro en su lugar. Entonces llevó a Eliseo a una gira imprevista, un tour que no está en ninguna agenda. En su último día de vida sobre esta tierra Elías, antes que fuese traspuesto en un carro de fuego, probó a Eliseo llevándolo a dos ciudades y ofreciéndole dos ministerios. Visitaron juntos la ciudad de Betel y la de Jericó. Ahí inició su última enseñanza para Eliseo.

Betel o el ministerio de evangelista

Betel era una ciudad con gran herencia espiritual. Era el sitio donde Jacob había ofrecido sacrificio a Dios. Pero con los años habían comenzado una decadencia espiritual. Jeroboam había levantado un becerro de oro y había promulgado un edicto diciendo que todos tenían que adorarlo, entonces la ciudad que alguna vez había sido ciudad de Dios, se transformó en pagana e idólatra. Toda la generación que vivía en Betel estaba perdida en el escepticismo y la burla. Se mofaban de Dios. Betel tipifica lo que hoy representa nuestra sociedad.

Hace un tiempo, una líder de jóvenes me comentó que desde un colegio de la ciudad habían extendido una invitación para que enviáramos a uno de nuestros jóvenes a darles a los alumnos un mensaje con valores, en especial de la familia. En un primer momento me pareció muy bueno, hasta que la muchacha continuó su relato y dijo: «Lo único que piden es que no mencionemos a Dios durante la charla, porque es contra la ley de Estados Unidos».

Podemos hablar en las escuelas acerca de Halloween e incluso vestir a nuestros hijos con disfraces diabólicos y enviarlos a pedir dulces, pero ¿no podemos mencionar a Dios porque está prohibido por la ley? ¿Qué es lo que nos está pasando: llamamos a lo bueno malo y a lo malo bueno?

Betel representa a la sociedad actual, gente perdida, los que no tienen a Cristo. Hacia allí fueron Elías y Eliseo, el lugar donde el profeta probó a su discípulo ofreciéndole el ministerio de evangelista: «¿Por qué no te quedas aquí, Eliseo? Betel es una ciudad donde todo el mundo se mofa de Dios. Quédate aquí y predica. Aquí hay mucha gente perdida. ¿Por qué no les predicas?». Ante tal posible ofrecimiento, con solo haber recibido el primer manto, hubiese dicho: «Claro, llegó mi tiempo. El pastor Elías se está yendo al cielo, mejor me quedo como evangelista en esta ciudad, donde necesitan mi predicación». Y al igual que tantos otros, saldría a predicar solo con el primer manto del llamado sobre su vida. Pero sin poder y sin unción, solo hay palabras huecas que no convierten a una sociedad.

Cuando Elías le estaba ofreciendo quedarse en Betel, su verdadera intención era descubrir si en verdad Eliseo tenía su corazón en querer ser un evangelista famoso y «llenar estadios» o en alcanzar la unción que tuvo su señor durante tantos años.

Pero Eliseo no era tonto, él sabía que esa gente estaba endurecida por los idólatras de Baal. Vio cómo Elías había desafiado a los profetas de Baal, pero sintió que aún no tenía lo que hacía falta para cambiar esa sociedad. Entonces respondió: «Tan cierto como que el SEÑOR y tú viven, te juro que no te dejaré solo» (2 Reyes 2.2b). Eliseo no quería ser un evangelista más, él quería una doble porción. Eliseo sabía que para que una sociedad perversa fuese transformada, era necesaria una doble porción de autoridad y de unción.

Muchos creen que solo con las ganas de servir a Dios alcanza. Pero déjame decirte que «las ganas de hacer» vinieron cuando el primer manto cayó sobre ti, pero todavía no estás listo para que esta sociedad se vuelva a Cristo. Para eso necesitas una unción poderosa como nunca antes hubo en la historia de tu ciudad.

Jericó o el ministerio pastoral

Después de Betel, Elías y Eliseo se trasladaron a Jericó, escenario de muchas batallas victoriosas para Jehová. Era un lugar árido, seco, sin vida, sin árboles ni pasturas, no había frutos porque el suministro de agua estaba contaminado.

Jericó tipifica la iglesia actual. Representa una cristiandad muerta, una iglesia como la describe Apocalipsis: «Conozco tus obras; tienes fama de estar vivo, pero en realidad estás muerto» (3.1). Allí Elías tenía una escuela de profetas. Cuando llegaron, salieron los profetas, los miembros de las iglesias de Jericó, y le dijeron a Eliseo: «¿Sabes que hoy el SEÑOR va a quitarte a tu maestro, y a dejarte sin guía?» (2 Reyes 2.5).

Los profetas de Jericó querían advertirle a Eliseo que se le acababa el negocio, porque siempre hay celos del que está al lado del hombre de Dios. Pero Eliseo respondió: «Lo sé muy bien; ¡cállense!». Esta gente no sabía qué era lo que Eliseo estaba buscando. Ellos creían que buscaba un puesto, una herencia. Pero no lo entendían porque la gente de Jericó era carnal y no concebía las cosas del Espíritu. Era gente con mucha intelectualidad, con mucho estudio bíblico, pero no entendían absolutamente nada de lo que estaba ocurriendo. No podían discernir los tiempos espirituales.

Siempre hay cristianos carnales en todas las iglesias, seguramente en la tuya también. En los tiempos de Jesús era igual. Jesús les dijo a algunos que le seguían: «Hipócritas, ustedes saben cómo los vientos cambian, cuándo va a llover, cuándo hay tormenta, pero no saben discernir el tiempo que están viviendo».

Pero Eliseo los hizo callar y no les explicó nada. No se preocupó por aclararles nada, porque el espíritu no puede explicarle nada a la carne. Hay asuntos que nunca van a entender los carnales. Es imposible. Entonces Elías volvió a probar a su siervo y le dijo: «Quédate aquí, pues el Señor me ha enviado al Jordán». Elías le planteó a Eliseo que se quedara en Jericó con los posibles argumentos siguientes: «Eliseo, tú estás viendo la próxima generación de ministros. Obviamente puedes ver la falta de la obra del Espíritu en ellos. ¿Por qué no te afirmas aquí y les enseñas los caminos del Espíritu? Tú eres el hombre para despertar esta iglesia muerta y seca».

Elías le estaba ofreciendo a Eliseo un ministerio pastoral para que lo desarrollara en Jericó. Pero Eliseo sabía que si se quedaba a pastorear la iglesia de Jericó, la gente viviría añorando a Elías, y constantemente le dirían: «Eliseo cuéntanos. ¿Cuánto tiempo oraba Elías? ¿Cómo era Elías en la intimidad? ¿Es verdad que ayunaba mucho?». Eliseo sabía que vivirían preguntándole acerca de la espiritualidad de otro hombre. Es que hasta ese momento la gente no había conocido a uno con un poder mayor que el que tenía Elías. Eliseo sabía que todos ellos se quedarían en el pasado, a menos que él recibiera una doble porción de unción.

Cuando Dios desató un gran mover en una iglesia de Buenos Aires, gente de todo el mundo llamaba para invitar al reconocido pastor para que visitara sus ciudades ya que una poderosa unción reposaba sobre él. Las invitaciones comenzaron a ser cada vez más frecuentes al punto que su agenda se completaba, entonces el pastor respondía: «No tengo más fechas libres». Los anfitriones de esos eventos insistían: «Aunque sea envíenos uno de sus pastores o líderes». Y así lo hacía. Enviaba a alguien de su equipo y la gloria de Dios lo acompañaba, la unción estaba con él. En Buenos Aires era un servidor más pero, en el país invitado, Dios lo usaba con gran poder; cosas maravillosas ocurrían. Pero cuando el servicio terminaba, todos se acercaban y le pedían que les hablara del pastor: «¿Cómo es estar con el pastor? ¿Cómo es la unción? ¿Habrá posibilidad de que él nos visite?». La gente no podía olvidar al que originalmente portaba la unción, porque sabían que ese siervo que había sido enviado era solo un efecto colateral de la unción que reposaba sobre él. Muchos iniciaron así su ministerio, aunque el segundo manto todavía no había caído sobre ellos. Pero tarde o temprano, la gente prefirió al original y no a la copia.

Si Eliseo se hubiera quedado a pastorear Jericó, con el tiempo solamente iban a recordar los avivamientos y los milagros del pasado, los de Elías. La iglesia de hoy ha caído en el mismo lazo. Estudia movimientos y avivamientos del pasado, tratando de descubrir métodos para hacer bajar fuego del cielo. Eso ocurre porque solo queremos recrear lo que Dios hizo en el pasado.

Cometemos el error de decir: «Yo quiero que mi iglesia viva algo espectacular como el avivamiento de Azuza». Pero Dios dice: «Olvídate del pasado, no me busques allí, porque cuando era Azuza, tú no habías nacido, no puedes pedirme algo que no has visto. Pídeme algo nuevo y más poderoso para esta generación. Algo que hará olvidar lo que ya pasó». Es por eso que oro por algo más, por algo mayor que tiene que venir.

Si Eliseo se hubiera quedado en Jericó, hubiese pasado su vida escribiendo la biografía de Elías. Pero él quería una doble porción de lo que ese hombre tenía. Eliseo sabía que para impactar a una iglesia muerta o una sociedad dura necesitaba un toque de Dios. Así que seguramente le explicó a Elías el porqué de su negativa para quedarse en Jericó, y le habrá dicho: «Elías, yo respeto la fe de mis antepasados, respeto los avivamientos del pasado, a los gigantes espirituales que escribieron tantos libros, pero una cosa sé, yo necesito un toque más grande que cualquier otro jamás haya visto sobre la tierra».

¿Estás esperando un toque así para tu vida? Si solo tienes un manto no conmoverás a nadie. Serás un hombre o una mujer gris, predicándole a un montón de gente gris, y nadie sabrá de ti. No me refiero a fama necesariamente. Me refiero al impacto. Eliseo no salió al ministerio hasta recibir lo que estaba buscando.

El cruce del Jordán

Elías y Eliseo avanzaron hacia el Jordán. Este río no es muy profundo, si uno sabe por dónde hacerlo, hasta puede cruzarlo con el agua a la cintura. Para el momento del relato bíblico no se dan indicios de que el río estuviera crecido, de haber sido así, los cincuenta jóvenes profetas podían haber construido una balsa en pocas horas. Sin embargo, el profeta se empeñó en hacer algo milagroso: «Elías tomó su manto y, enrollándolo, golpeó el agua. El río se partió en dos, de modo que ambos lo cruzaron en seco» (2 Reyes 2.8).

Las aguas se abrieron y cruzaron como por tierra seca. Cuando estaban del otro lado, Elías le preguntó: «¿Qué quieres que haga por ti antes de que me separen de tu lado? —Te pido que sea yo el heredero de tu espíritu por partida doble —respondió Eliseo» (2 Reyes 2.9).

Esa fue la primera vez que Elías le preguntó a Eliseo qué quería. Anteriormente le había ofrecido quedarse en Betel, después en Jericó, pero luego le preguntó: «¿Qué es lo que quieres que haga por ti?».

Entonces Eliseo dijo aquellas palabras maravillosas: «Te pido que sea yo el heredero de tu espíritu por partida doble». Eliseo pidió más de lo que Elías tenía. Eliseo había visto mucha necesidad en los lugares por donde habían andado. Sabía que iba a necesitar una doble unción para alcanzar esos lugares.

Elías buscaba enseñarle a su sucesor que aunque Moisés o Josué cruzaron el Jordán en el pasado, eran historias antiguas, y como tales quedaron en el pasado. Eliseo no quería predicarles historias pasadas, sino que vivieran lo nuevo, lo fresco. Esos relatos siempre serán maravillosas historias de fe que inspiran, pero debes contar tu propia historia con Dios.

El segundo manto

Dios te dice: «Quiero hacer milagros en tu vida. Enfrentarás tu propio río Jordán y yo quiero partir esas aguas para ti». Yo quiero mi propia historia en mi ciudad. Quiero que la gente se pregunte: ¿Cómo fue que el nivel de delincuencia bajó? ¿Cómo es que la prostitución se erradicó de la ciudad?

Cuando Kathryn Kuhlman caminaba por los pasillos del hotel donde se hospedaba, todos los que estaban dentro de las habitaciones no podían estar en pie. Pero para que eso suceda necesitas una doble porción.

El tiempo de Eliseo estaba comenzando, fue por eso que Elías decidió llevarlo en esa gira maravillosa en la que Eliseo descubrió la condición de la sociedad y de la iglesia. De esa forma Eliseo tenía bien claro cuánto poder, unción y autoridad necesitaría. Es por esa razón que pidió una doble porción.

Luego de haber escuchado la petición de Eliseo, Elías dijo: «Has pedido algo difícil». Me asombró la respuesta del profeta. ¿Algo difícil para quién? ¿Para Dios? ¿Acaso hay algo difícil para Dios? No. Tampoco era difícil para Elías, que había hecho caer fuego del cielo y resucitó muertos. En verdad era difícil para Eliseo, porque si no llegaba a tener los ojos bien abiertos, no podría recibir ese segundo manto y esa doble unción. Como resultado de ello, Eliseo sería un profeta más entre los cincuenta que estaban esperando. Tendría que obtener la unción por sí mismo. Elías no tenía la capacidad de darle a su siervo una porción del espíritu que residía dentro de sí. Solamente Dios puede impartir su espíritu al hombre.

Elías continuó diciendo: «Si logras verme cuando me separen de tu lado, te será concedido; de lo contrario, no». Los que reciben el segundo manto son los que están atentos al mover del Espíritu, los que disciernen qué está ocurriendo en la atmósfera espiritual. Si te distraes un poquito, pierdes. «Si me vieres, lo vas a recibir», le dijo el profeta. Los mantos no se dan. Los mantos no se ofrecen. Elías no le dio un manto de unción a Eliseo. Nunca se lo dio.

El gran secreto de este mensaje es descubrir que el segundo manto no se entrega voluntariamente. El manto se le iba a caer, por eso Eliseo tenía que estar ahí. Si no estás en el lugar correcto, no podrás agarrar el manto de la doble unción. Pero Eliseo estaba atento. Durante años siguió a Elías, no se iba a distraer justo en ese momento.

Y la Palabra continúa relatando: «Iban caminando y conversando cuando, de pronto, los separó un carro de fuego con caballos de fuego, y Elías subió al cielo en medio de un torbellino. Eliseo, viendo lo que pasaba, se puso a gritar: "¡Padre mío, padre mío, carro y fuerza conductora de Israel!". Pero no volvió a verlo. Entonces agarró su ropa y la rasgó en dos» (2 Reyes 2.11–12).

Elías subió al cielo en un carro de fuego y Eliseo estaba allí, mirando tal escena y recordando las palabras de Elías: «Si logras verme cuando me separen de tu lado, te será concedido; de lo contrario, no». En el momento que vio a su maestro irse, Eliseo asumió la responsabilidad de continuar con la obra de Dios para su generación. En ese acto profético, mientras Elías ascendía, el manto cayó y Eliseo lo tomó porque estaba atento para agarrarlo, pero antes rasgó sus ropas. Evidentemente no quería usar más sus ropas, quería ponerse el manto de Elías.

Entonces hizo lo siguiente: «regresando a la orilla del Jordán, golpeó el agua con el manto y exclamó: "¿Dónde está el Señor, el Dios de Elías?". En cuanto golpeó el agua, el río se partió en dos, y Eliseo cruzó» (vv. 13–14).

Cuando Eliseo tomó el manto, se fue hacia el Jordán e hizo lo que su maestro hubiera hecho, golpeó el agua y el río se abrió, y cruzó. El joven profeta estaba pidiendo a Dios: «Señor, todos mis antepasados espirituales están muertos y mi pastor se ha ido. Obra de nuevo, esta vez a través de mí».

Los profetas estaban mirando, y asombrados dijeron: «"¡El espíritu de Elías se ha posado sobre Eliseo!" Entonces fueron a su encuentro y se postraron ante él, rostro en tierra» (v. 15).

El Espíritu que estaba sobre Elías ahora estaba sobre Eliseo. Nunca más le preguntarían a Eliseo acerca de Elías, ya no estaba, se había ido para siempre.

Tu propia historia con Dios

Dios quiere hacer cosas mayores con cada generación. Debes buscar al Señor por tus propias experiencias con el Espíritu Santo. Necesitarás más poder del que has visto. Los colegios se pondrán cada vez más peligrosos, el juicio que viene sobre la tierra será cada vez más fuerte. Si crees que hay burla contra Dios, aun mayor será en los próximos años. Habrá leyes y decretos que atentarán contra la libertad de culto y de expresión. Pronto no se nos permitirá predicar públicamente. El enemigo se levantará con fuerza. Es por eso que quiero que te asegures de tener no solamente el primer manto, el del llamado, sino que estés ahí en el momento exacto, cuando está por caer el segundo manto. Y si lo atrapas tendrás una doble porción de unción, de la que jamás tuvo Billy Graham, Oral Roberts, Katherine Kuhlman y los ministros más ungidos de los cuales habrás leído. Cuando esa unción venga sobre tu vida, regresarás a tu ciudad con tu propia unción.

Eliseo regresó a Jericó, la tipificación de la iglesia muerta, con su propia unción y ocurrió lo siguiente: «Luego, los habitantes de la ciudad le dijeron a Eliseo: —Señor, como usted puede ver, nuestra ciudad está bien ubicada, pero el agua es mala, y por eso la tierra ha quedado estéril» (v. 19).

El agua mala de Jericó representa el mensaje contaminado predicado en muchas ocasiones desde los púlpitos. Hombres de Dios que nunca han tratado con sus propios pecados, así que sus sermones están llenos del veneno de corazones corruptos. Sus sermones no tienen vida y han causado muerte espiritual entre el pueblo.

El suministro de agua de Jericó estaba envenenado y nada se podía hacer, pero Eliseo con su unción hizo lo que Elías no pudo hacer. Tomó un recipiente limpio, que representa a los hombres de Dios con corazón puro, con ojos santos, con mente íntegra. Le agregó sal, que significa el evangelio que vino a sanar la tierra, y lo derramó sobre las vertientes de las aguas. Luego dijo: «Así dice el Señor: "¡Yo purifico esta agua para que nunca más cause muerte ni esterilidad!"» (v. 21). Al hacerlo las aguas se volvieron cristalinas, sanas y puras. «A partir de ese momento, y hasta el día de hoy, el agua quedó purificada, según la palabra de Eliseo», declara la Biblia (v. 22).

Pero Eliseo continuó el camino y fue a Betel, lugar donde se burlaban de Dios, y que representa a la sociedad actual. Comenzó a caminar por las calles de Betel, y mientras lo hacía unos muchachos comenzaron a burlarse de él: «¡Anda, viejo calvo! —le gritaban—. ¡Anda, viejo calvo!». Entonces... «Eliseo se volvió y, clavándoles la vista, los maldijo en el nombre del SEÑOR. Al instante, dos osas salieron del bosque y despedazaron a cuarenta y dos muchachos» (v. 23-24).

Cuando Dios está moviéndose y te mantienes incrédulo y burlándote, ten cuidado, porque los osos de la carne te van a despedazar. No te metas con la unción de Dios. Si no la entiendes, hazte a un costado, pero no te pongas en contra. La iglesia enfrenta el mismo espíritu de burla que enfrentó Eliseo. Muchos se burlan abiertamente de la Palabra de Dios. La televisión y el cine se burlan del Espíritu Santo. Pero seguramente que luego de lo ocurrido en Betel, la sociedad habrá cambiado de forma de expresarse. Antes se burlaban, pero no lo hicieron más. Luego, en todo Israel, en todo Jerusalén, vino un gran temor y, aunque muchos se apartaron, los carnales fueron despedazados por los osos de la incredulidad, pero muchos otros fueron agregados a la congregación.

Jericó y Betel no pudieron ser cambiadas por Elías, pero fueron transformadas por Eliseo, tan solo por haber pasado por allí con una doble porción del Espíritu del Señor que reposaba sobre él.

¿Quieres una doble porción de unción para tu vida? Espérala atento, porque el segundo manto pronto caerá sobre tu vida, pero solo si estás expectante, esperando.

CAPÍTULO 9

LAS HERIDAS DEL ALMA

A juzgar por la reacción de los oyentes, este es uno de los mensajes más conmovedores de los que jamás haya predicado y lo hice nada menos que en febrero del año 2004, en el estadio Vélez Sarsfield de Buenos Aires, ante unas cincuenta mil almas.

Aquella noche lo relacioné con los sueños que en ocasiones debemos abortar debido a las heridas que nos ocasiona la vida, que suelen calar nuestra alma y espíritu. Era la segunda vez que hacíamos una cruzada en el estadio que prácticamente fue testigo del nacimiento de nuestro ministerio masivo con la juventud, y aunque ya había dado esta conferencia en algunos países de América Latina, fue en Vélez donde pude exponer los detalles de esta apasionante historia de las Escrituras. De hecho lo incluí por primera vez como uno de los capítulos del libro Pasión de multitudes *(Editorial Vida) originalmente en el año 1998.*

Esa mañana pudo haber sido una cualquiera. El niño se despertó en su cuna real y alguien le acercó su biberón real. Tenía cinco años de edad y todos en el enorme palacio decían que sería tan buen mozo como su padre.

«Y tan alto como el abuelo», comentaba un cortesano. Era un niño con un futuro prometedor, hijo del príncipe y nieto del rey, nada menos. Tenía un gran parecido con el Ricky Ricón de Hollywood; todo a sus pies, solo tenía que pedirlo.

Pero esa mañana algo interrumpió el desayuno real de nuestro futuro rey; una tragedia, algo inesperado. De pronto el palacio se transformó en un caos. Un mensajero con una mala nueva, y después lo impredecible; gritos, estupor y ruidos poco familiares que el niño de cinco años no alcanzaba a comprender.

«¡El rey y el príncipe han muerto en la batalla!».

El niño no conoce el significado de la noticia o, por lo menos, no percibe que su futuro va a cambiar de rumbo en los próximos minutos; después de todo, no tiene por qué saber que ahora comenzará la cacería de brujas. Nadie jamás le dijo lo que podría suceder si su padre y su abuelo murieran el mismo día; es que esas cosas ni siquiera se comentan... hasta que suceden.

Él no entiende que, al morir el rey, su vida corre un serio peligro, así que no es sorprendente que en medio del alboroto siga jugando con sus juguetes reales.

Pero la nodriza entiende algo más sobre reyes, palacios y herederos al trono; así que toma al niño en sus brazos y corre desesperadamente hacia el bosque. El muchachito tiene cinco años y no tiene la culpa de que su padre y su abuelo hayan muerto en una batalla. Un niñito no merece morir por intereses monárquicos.

Pero hubo un error. Un maldito error que el niño no olvidaría por el resto de su vida. La nodriza tropieza y el principito rueda por el piso. Un seco «crac» deja estupefacta a la mujer, y el niño no para de llorar: sus frágiles tobillos están ahora quebrados.

Esta no es una historia justa; el mismo día que queda huérfano de padre y abuelo, abandona el palacio y un tropiezo de quien lo transportaba lo transforma en un tullido, un lisiado, un minusválido por el resto de su vida.

La historia narra que jamás volvió a caminar y que tuvo que vivir incomunicado en el cautiverio, en un sitio llamado Lodebar, el lugar donde los sueños mueren y los reyes se transforman en mendigos.

Ahora ha pasado algún tiempo y el niño ya no tiene cinco años, posiblemente tenga trece o diecisiete, o tal vez treinta. Y llega la mañana de las famosas tres preguntas de la vida: trabajo, matrimonio, ministerio. Pero tampoco le gusta lo que ve en el espejo y alguien le susurra en el oído que «carece de méritos» para responder a las tres interrogantes. No califica.

Se pasó la niñez observando cómo otros niños jugaban fútbol, trepaban un árbol o simplemente corrían detrás de un perro vagabundo. Él estaba tullido por un error.

Los muchachos crecieron, tuvieron novias, alardearon de las chicas de sus sueños y dieron su primer beso. Él apenas si podía imaginarlo, estaba minusválido porque alguien lo había dejado caer. Su vida social estaba dañada; pudo haber sido un rey, que con solo chasquear sus dedos habría tenido un harén a su alrededor, pero era paralítico... de los pies y del alma. Se llamaba Mefiboset.

El relato nos sorprende porque posiblemente todos tenemos una historia triste que contar. Nuestra vida marcha correctamente hasta que un día, sin anunciarse y sin previo aviso, algo nos quiebra los tobillos y pretende cambiar el rumbo de nuestra vida. Una niña descubre que ya no puede sonreír cuando su padrastro se aprovecha de su infancia y le roba lo más preciado que una mujer puede tener. Un muchacho siente que su corazón se destroza cuando su prometida lo abandona como si sus sentimientos fueran un juego de naipes. Un hombre descubre que su socio lo está estafando sin importarle todos los proyectos que tenían en común. Una dama descubre que su esposo la engaña desde hace tres años con una mujer más joven. Una novia se siente morir cuando su prometido pretende manosearla. Una esposa se siente violada por su marido en la noche de bodas y decide tener sexo sin alma por el resto de su vida matrimonial. «Crac». Es el sonido del denominador común de todos esos casos. Alguien de pronto nos hace caer, dejándonos tullidos del corazón, paralíticos del alma.

Sin duda lo más doloroso es que en ocasiones las personas de quienes más dependíamos son las que nos dejaron rodar por el piso. De

pronto la frase de una madre exasperada por los nervios nos senten-
cia en nuestra adolescencia: «¡Nunca cambiarás!». «¡Inútil!». «¡Torpe!». «¡Tú no eres como tu hermano!». Palabras que nos quiebran los
tobillos dejándonos a la vera del camino. Parecen frases inofensivas
y hasta justificadas, pero nos marcan a fuego y, en ocasiones, pretenden determinar nuestro futuro.

Recuerdo que dibujaba una sonrisa cuando alguno de mis hermanos comentaba: «Dante está cada vez más flaco», y hasta soltaba una
carcajada cuando el profesor de Educación Física se burlaba de mis
piernas endebles para los deportes. Y también supe disimular cuando
un líder me señaló con su largo dedo índice y sentenció: «Dios nunca
te utilizará, él no usa a los rebeldes», aunque por dentro sentía que
esos «crac» intentaban arrancarme del palacio y transformarme en
mendigo.

Claro que mi historia, como la de Mefiboset, no tiene un mal
final. La Biblia narra en 2 Samuel 9 que una tarde el rey David (que
había relevado en el trono a Saúl) preguntó si acaso existía alguien
de la antigua monarquía, de la casa de Saúl, que pudiese estar vivo,
ya que el rey deseaba cumplir un viejo pacto hecho con su difunto
amigo Jonatán. Alguien cercano al trono, llamado Siba, le comunicó
al rey David que, efectivamente, en Lodebar se encontraba el hijo de
Jonatán, el nieto de Saúl, alguien a quien le correspondía el palacio...
pero que vivía en el cautiverio. Y entonces ocurre lo impredecible,
el rey quiere que busquen a Mefiboset y lo traigan a su mesa. David
deseaba devolverle su condición de príncipe.

Ese día siempre llega para los minusválidos del alma. El vocero
del Rey irrumpe un día en tu Lodebar, desenrolla un pergamino y
lee en voz alta: «El edicto real proclama que regresas a tu lugar de
origen, pasando por alto tus heridas y complejos. El Rey ha dispuesto
que te sientes a la mesa junto a los demás comensales, a partir del día
de la fecha».

Aquel que nadie quería en su equipo de fútbol de la secundaria,
de pronto pasa a jugar en las ligas mayores. El que fue llevado en
brazos del palacio al silencio, ahora regresa en brazos del silencio al

palacio. Mefiboset ha vuelto a casa, a sentarse a la mesa real, donde las gorditas olvidan su peso y los de baja estatura se sienten gigantes; donde los tobillos cicatrizan y la caída solo es un recuerdo del pasado.

Cicatrices que perduran

No podría terminar este mensaje sin agregar algo fundamental que oí de un querido amigo y hombre de Dios llamado Ítalo Frígoli: «Las heridas sanan, pero no te avergüences de la cicatriz; recuerda que hay Alguien que lleva cicatrices en sus manos y no se avergüenza de tenerlas».

Cuando tenía unos quince años me accidenté en una carpintería y me lastimé los dedos de la mano derecha. Me hicieron una pequeña operación y me colocaron un yeso. El médico dijo que cuando me quitaran las vendas tendría que ejercitar los dedos hasta recuperar la movilidad normal y así sucedió. Pero ocurre algo curioso con mi mano hasta el día de hoy. Cuando hay humedad en la atmósfera, siento un leve dolor en los dedos. La molestia me recuerda que hace quince años algo le sucedió a mi mano derecha. No hay nada defectuoso en ella, pero en los cambios de temperatura me doy cuenta de que una vieja molestia aún perdura. No hay infección ya que pasó mucho tiempo, pero la marca se hace sentir de tiempo en tiempo.

Todos los que estuvimos alguna vez en Lodebar hemos sido restaurados a la mesa del Rey, pero nos enojamos cuando regresan los recuerdos del cautiverio, nos molesta que Dios no nos haya borrado de la mente el día en que alguien nos dejó caer. Ya no está en el corazón, aunque en ocasiones regresa a la mente.

He orado muchas veces respecto a este tema.

Una noche, luego de una reunión que celebramos en Uruguay, el Espíritu Santo me mostró de manera clara que los cristianos tenemos aproximadamente un año de «vida fértil», ese famoso tiempo del «primer amor», en el cual le predicamos a todo el mundo. Casi no podemos creer que Dios nos haya rescatado de nuestro Lodebar, así que queremos hacer por otros lo que hicieron por nosotros. Vamos en busca de los Mefiboset, de los otros paralíticos del alma. Luego de un tiempo, nos transformamos en religiosos y nos olvidamos de los quebrados. Los demás tullidos dejan de ser almas necesitadas del amor de Dios para transformarse simplemente en «los mundanos», y olvidamos que nosotros también una vez necesitamos de alguien que nos fuera a buscar.

Es que la mesa del Rey es tan confortable, que se nos hace frágil la memoria. Por eso el cambio de clima evoca tu vieja herida. Ese recuerdo del pasado regresa por un instante para que rememores que mientras lees estas líneas, hay otros que sueñan con volver al palacio y sentarse a la mesa.

El deseo del Rey es que nunca te sientas demasiado cómodo como para desistir de ir a buscarlos.

CAPÍTULO 10

UNA NOCHE MÁS CON LAS RANAS

Durante el crudísimo invierno de 2003 llegamos con mi familia a Inglaterra y nos hospedaron en un frío hostal de Londres, cerca del aeropuerto. Por alguna razón, la calefacción no funcionaba y apenas entramos al cuarto nos comenzamos a congelar. Luego de echar un vistazo rápido a la gélida habitación, le dije a mi anfitrión que necesitábamos hospedarnos en otro lugar donde, por lo menos, no muriéramos de hipotermia. Así que, luego de un extenuante viaje desde Argentina al otro punto del mapa, ahora estábamos con nuestros dos niños en busca de alojamiento sobre un automóvil en medio de la niebla londinense en una atestada ciudad a la hora pico, con un hambre voraz y un sueño demoledor. Y si creía que la situación no podía empeorar, el caballero que oficiaba de chofer me dijo: «No se olvide, que usted debe dar su conferencia en dos horas». Todos los predicadores vivimos un momento como ese, acabas de bajar del avión luego de unas quince horas de vuelo, sufres descompensación horaria, aún no tuviste tiempo de desempacar, comer algo o bañarte, a eso le sumas que ni siquiera has llegado a un hotel decente, y tienes que pararte a predicar ante un gentío en cuestión de minutos.

«Oh, Dios, ¿qué se supone que voy a predicar?», pensé con la mente en blanco e imaginando un delicioso sándwich y una ducha

caliente. Fue entonces, y en medio de un tránsito feroz, que el Espíritu Santo trajo a mi mente la tragicómica decisión de Faraón de pasar una noche más con las ranas.

Había oído a mi amigo Ítalo Frígoli relatar esta historia alguna vez, así que, rumbo al hotel y en lo que tardamos en encontrar un sitio con calefacción, sumado a unos pocos minutos mientras trataba de planchar mi traje, escribí unas notas y los puntos principales de este mensaje. Cabe decir que fue toda una revolución y, a partir de aquella noche, lo incluí en mi maleta de sermones esenciales; además, lo llevé al resto del mundo. Por lo que debo destacar que, el popular mensaje de las ranas, nació entre la niebla de las frías y nebulosas calles de Londres.

Tal vez sea un sencillo detalle para los coleccionistas de trivialidades, pero un orador nunca olvida cuándo nacen algunos de sus más preciados mensajes.

El pueblo de Dios vivía bajo la esclavitud de Egipto. Dios decidió liberarlo y envió a Moisés a hablar con Faraón para que los dejara ir. Obviamente Faraón, con su cabeza dura, no permitió que el pueblo de Israel obtuviera su libertad. Pero Moisés le advirtió que si no lo hacía, Dios enviaría una serie de plagas que afectaría a todo Egipto, inclusive la casa de sus funcionarios y la de él mismo.

Ante la constante negativa comenzaron a llegar las distintas plagas de moscas, sangre, langostas. Pero una de esas plagas era muy especial y me llamó mucho la atención: la plaga de ranas.

«Deja ir a mi pueblo para que me rinda culto. Si no los dejas ir, infestaré de ranas todo tu país. El Nilo hervirá de ranas, y se meterán en tu palacio, y hasta en tu alcoba y en tu cama, y en las casas de tus funcionarios y de tu pueblo, y en tus hornos y artesas. Se treparán sobre ti, sobre tu pueblo y sobre tus funcionarios» (Éxodo 8.1-4).

Era tanta la cantidad de ranas que las había hasta en la cama de Faraón y en las cunas de sus hijos. Estaban en el inodoro, en el clóset y en el living. Salían ranas de la nevera y de los estantes. Se subían por los vestidos de las damas. Estaban diseminadas de tal manera que la gente las iba aplastando con sus carros por las calles y morían reventadas. El olor era nauseabundo. Harto de convivir con las ranas Faraón ordenó llamar a quien él creía que era el autor intelectual de esa plaga: Moisés. Pero este no había enviado la plaga. Dios permitió que ocurriera. Pero Faraón sabía que Moisés tenía mucho que ver con el tema.

Así que lo llamó y le dijo: «Estoy harto de ver tantas ranas. Me da náuseas cuando las veo. Están en todo sitio. Pídele a tu Dios que aleje las ranas de mí y de mi pueblo, y yo dejaré ir al pueblo».

«Moisés le respondió: —Dime cuándo quieres que ruegue al Señor por ti, por tus funcionarios y por tu pueblo. Las ranas se quedarán sólo en el Nilo, y tú y tus casas se librarán de ellas. —Mañana mismo —contestó el faraón. —Así se hará —respondió Moisés—, y sabrás que no hay dios como el Señor, nuestro Dios» (Éxodo 8.9–10).

Pero… si Faraón estaba tan cansado de convivir con las ranas, ¿por qué quería pasar una noche más con ellas?

¿Por qué dijo «mañana» en lugar de «hoy mismo»?

Si un día descubres que hay termitas, cucarachas o ratas en tu casa y llamas al exterminador de plagas y viene con su camión, sus equipos y te pregunta: «¿Cuándo quiere que hagamos el trabajo?». ¿Respondes: ¡Ay, déjeme las ratas una noche más… solo una noche. Venga mañana a hacer el trabajo!? Imagino que no. Le pides que inmediatamente saque esa plaga de tu casa y de tu vida. Pero ese no fue el caso de Faraón.

Promesas diferidas

¿Por qué Faraón decidió pasar una noche más con las ranas?

Tal vez para decir: «Aún tengo el control. Yo decido cuándo se irán las ranas. Tú las quitarás, pero yo digo cuándo». Solemos cometer esa imbecilidad a veces. Simplemente una torpeza mental.

Hay muchas personas que hoy podrían tomar decisiones que generen cambios importantes en su vida, pero no lo hacen, lo dejan para «mañana». Quizás estés pensando: «Ahora que lo mencionas, en enero prometí ser más espiritual. Prometí también que todas las mañanas leería un capítulo de la Biblia que sería lumbrera a mi vida y no lo estoy haciendo. He fracasado en el intento».

Es como las muchachas gorditas que dicen: «El lunes comienzo la dieta». Y el domingo viene una amiga «movida por algún demonio» y dice:

—Te traje una torta de chocolate.

—¡Ay, qué pena! Justo hoy empezaba la dieta, pero bueno... la iniciaré el martes.

—Nadie comienza un martes. Espera hasta el otro lunes —dice esa amiga amorosa.

Así se le va la vida, entre libras de más, amigas enviadas del averno y promesas diferidas.

Conozco mucha gente que hoy podría ser más bendecida de lo que es, pero sus promesas diferidas nunca se cumplieron por su falta de determinación. A tu edad, seguramente hay personas conmoviendo naciones con la Palabra de Dios. A tu edad probablemente muchos sean millonarios.

A veces lo que te detiene es decir: «Mañana lo he de hacer. Déjeme una noche más de pornografía. Una noche más de pensamientos impuros. Déjeme una noche más de mediocridad. El mes que viene lo haré. En tres semanas lo voy a hacer». Y dejamos para mañana lo que debiéramos hacer hoy.

A Jesús se le acercaba mucha gente para seguirlo y, en una oportunidad, alguien dijo: «Te seguiré a dondequiera que vayas. —Las zorras tienen madrigueras y las aves tienen nidos —le respondió Jesús—, pero el Hijo del hombre no tiene dónde recostar la cabeza» (Lucas 9.57–58). El muchachito que un minuto antes estaba dispuesto a morir por el Señor, le dijo: «Primero déjame ir a enterrar a mi padre». Postergó su llamado de seguir a Jesús.

Quizás te preguntes: «Pero, ¿qué tiene de malo darle cristiana sepultura al padre?». Nada, aunque lo más probable es que el padre no estuviera muerto.

Lo que él estaba diciendo era: «Deja que mi padre envejezca, se muera, yo cobre la herencia y luego te voy a seguir». Seguramente su padre no estaba en un ataúd cuando ese muchacho se acercó a Jesús. Estaba postergando una decisión para el día de mañana.

Mañana es una excusa

Mañana es el recurso de los inoperantes. Es la excusa de los incompetentes. Hoy podrías ser bendecido, pero ¿prefieres que sea mañana?

Lee todas estas excusas, seguramente con alguna de ellas te identificas:

*   Luego de las vacaciones seré más espiritual.
*   El próximo domingo voy a pasar al altar.
*   En tres meses, cuando me aumenten el salario, daré mi diezmo.
*   Serviré al Señor cuando Dios me saque de esta crisis financiera.
*   Seré libre de la pornografía luego que me case.
*   Cuando sirva a tiempo completo al Señor, podré orar más tiempo.

La Biblia menciona varias razones por las cuales mucha gente prefiere pasar una noche más con las ranas, como la pereza, el temor, el resentimiento. Pero hay una en particular que afecta nuestra relación con Dios y es la duda.

Hay quienes pasan una noche más con las ranas porque dudan. Dicen: «Podría hablarle a la mujer de mis sueños, pero ¿y si me dice que no?». Entonces, se responden en su propio pensamiento: «Bueno, si es de Dios, nadie me la va a quitar». Pero yo siempre les advierto: «Sí, te la va a quitar y se va a casar con otro. La vas a perder porque no tuviste el suficiente valor de no dudar».

Yo dudé cuando me casé. No del amor por mi futura esposa, sino de pensar si sería el hombre que ella esperaba que fuera. Cuando por primera vez mi esposa me dio la noticia de que íbamos a ser padres tuve dudas: «¿Qué tal si no soy el padre que ella espera que yo sea? ¿Qué tal si no soy el padre que mis hijos esperan que yo sea?». Pero nadie se gradúa de padre para luego serlo. Cuando colguemos el diploma en la pared, ellos nos visitarán para el Día del Padre, ya seremos mayores, y estaremos más cerca de bajar al sepulcro.

Cuando creamos que ya sabemos ser esposos, se nos fue la vida. El conocido cantautor Joan Manuel Serrat dice: «Se hace camino al andar». Y yo lo creo. Todos los días tratamos de emprender algo que no está completamente seguro. Tenemos dudas, pero estas no nos pueden amarrar. Las dudas no te pueden detener.

Dios saca a Israel de la esclavitud de Egipto con un propósito y no es llevarlos a la tierra prometida necesariamente, sino lograr que Israel se transforme en un pueblo que confíe en él.

En el desierto no hay supermercados para comprar nada, aunque el pueblo no necesitó hacerlo. Sus vestiduras nunca se ponían viejas. Sus calzados nunca se gastaban. No se insolaban por el fuerte sol del desierto. Tenían un filtro solar especial. Una nube les impedía que el sol les hiciera daño. Y de noche, para que no se congelaran con las frías temperaturas del desierto, una columna de fuego los calentaba para poder descansar.

Sin embargo, cuando Moisés se retrasó en el monte, se postraron a adorar a un becerro de oro y provocaron a Dios con su incredulidad. La Biblia dice que cuando ellos cruzaban el mar como por tierra seca, entonaban alabanzas a Dios. Miriam dirigió a las mujeres cantando: «Canten al Señor, que se ha coronado de triunfo arrojando al mar caballos y jinetes» (Éxodo 15.21).

La canción era correcta, pero del lado equivocado. Ellos debieron haber cantado aun cuando el mar no estuviese abierto. Tenían que haber tenido la fe suficiente para decir: «El Señor nos ha librado, nos ha bendecido y nos bendecirá».

La duda te condena a vivir con las ranas

¿Te has sentido en algún momento de tu vida bendecido por Dios? ¿Por qué crees que Dios fallaría ahora? ¿Por qué permites que la duda crezca en ti y aceptas vivir una noche más con las ranas? La duda es algo que nos amarra de tal manera que no nos permite ver lo que Dios tiene para nosotros.

Hebreos 11.6 dice: «Sin fe es imposible agradar a Dios». Si no tenemos fe, no le podremos agradar. La Palabra es clara, habla de la falta de fe, no de falta de esperanza. También cuenta que Jesús «por la incredulidad de ellos, no hizo allí muchos milagros» (Mateo 13.58). Y agrega: «El hombre de doble ánimo es inconstante en todos sus caminos» (Santiago 1.8, RVR). El que duda no agrada a Dios.

Te pasas la vida tratando de conquistar a Dios y, en verdad, no hay nada que podamos hacer para que nos ame más de lo que ya nos ama. Siempre tratamos de que el Señor esté orgulloso de nosotros, como un padre de su hijo. Cada noche, cuando regreso a mi hogar después de predicar en algún servicio, le pregunto: «Señor, dime si hoy he inspirado a alguien. Dime que te han visto a ti, que los conduje hacia ti. Dime que hemos hecho un buen equipo». Muchas veces el Señor me responde: «Por supuesto, puedes ir a descansar». De alguna manera siento que he pagado por lo menos mi derecho a vivir ese día.

Siempre me pregunto si he hecho algo digno, que valga la pena el gran sacrificio de Cristo. Nunca pagaré lo que él hizo en la cruz, pero me fascina pensar que puedo despertar su orgullo.

David Wilkerson solía decir: «Todos los días me pregunto si sus ojos se iluminarán al verme. Ahora que me estoy acercando a la vejez me pregunto si habrá un destello en sus ojos cuando me vea y me diga: "David, lo hiciste bien". No dejo de preguntarme eso».

Todos los días digo: «Señor, ¿cómo puedo hacer para que estés orgulloso de mí?». El Señor me sigue repitiendo a lo largo de las trescientas sesenta y cinco veces en la Biblia, una por cada día del año: «No temas. No temas. No tengas temor. Tienes que tener fe». La duda nos paraliza. No quiero una noche más con las ranas.

Soltera, si no quieres vivir una noche más con las ranas, no digas: «Señor, mándame un hombre, el que sea». Debes decir: «Señor, estoy preparándome porque tú tienes un hombre ideal para mí». Ya tienes que tener planificado dónde será tu luna de miel. Si te casarás en la playa o en una catedral. Tienes que tenerlo definido. Tu fe está abriendo paso. No pases una noche más con las ranas. Permite que sea una visión que se transforme en un plan.

Es de esperar que si invitas a cenar a alguien, cuando llegue tengas la cena lista y no preguntes: «¿Qué preparo ahora?». Nadie hace eso. Supongo que si invitas a cenar a alguien, fuiste temprano a comprar la comida, la preparaste, alistaste la mesa y cuando llegó el invitado ya estaba todo listo. Lo mismo pasa con la fe, debes estar preparado antes de que la respuesta llegue. La duda hace que no te prepares. La duda provoca y ofende a Dios. El Señor te dice: «El milagro está a la vuelta de la esquina. Voy a dártelo, pero tu duda está deteniendo mi mano».

Tienes que hacer un voto de confianza en el Señor.

Hoy es el momento

En junio de 1991 vivíamos en un departamento muy pequeño. Era tan chico que «si entraba un endemoniado, se liberaba, porque o entraba el demonio o la persona, pero nunca ambos a la vez».

Una madrugada mientras oraba tuve una visión. Sentí que Dios nos prestaría los oídos de la juventud. Entonces dijimos: «¿Cómo podemos hacer para predicar a los jóvenes?». Paso seguido fui a rentar un estadio, sin dinero. Era muy joven y sin ningún apoyo pastoral. Cuando me senté a conversar con el presidente del club Vélez Sarsfield, en Argentina, me dijo casi sin mirarme:

—Gebel, y usted ¿a qué artista va a traer?

—A ninguno. Yo voy a predicar.

—¿Y cómo va a pagar el alquiler del estadio? —me dijo.

En ese momento es cuando uno tiene ganas de decir: «Por razones de sentido común debería escaparme de aquí. Esto fue un error.

¿A quién quiero engañar? ¡No lo voy a lograr!». De pronto la duda estaba ahí diciendo: «No tienes con qué. La gente no te conoce. No tienes el dinero». Pero con mi esposa pensábamos: «¿Y si no lo hacemos y, cuando seamos viejos, nos arrepentimos? ¿Y si experimentamos el sabor de haber aunque sea fracasado en el intento de hacer algo para Dios? ¿Y si lo hacemos y esta determinación cambia nuestra vida para siempre?».

Así que me armé de valor y le dije al hombre:

—La verdad... No sé cómo lo voy a pagar, pero puede estar seguro que lo haré. Si usted me da el crédito, yo voy a pagárselo.

Me dio unos días para pagarlo y firmé el contrato con solo cien dólares de depósito. Salí mirando el estadio... y nuevamente la duda vino a hacer su trabajo: «¿Cómo vas a llenar esto?». El estadio era inmenso. Y el Señor me decía: «Yo voy a soplar a los jóvenes que vendrán del norte, del sur, del este y del oeste».

Por mi parte había decidido que no quería que las ranas se quedaran una noche más a mi alrededor. Pude haber dicho: «Voy a esperar. Tengo que ser más maduro. Tengo que saber predicar mejor». Era muy joven e inexperto en la prédica de la Palabra, para ese entonces muchas veces me equivocaba diciendo que Moisés fue quien subió al arca. Senté a Noé frente a la zarza. Hice que Gedeón fuera uno de los doce discípulos de Jesús. Juan se encontró con Jonás en la isla de Patmos y un burro vomitó a Jonás después que el pez se tragó a Pedro. Confundía las historias bíblicas, era un pésimo predicador, pero de algo estaba seguro, no quería pasar una noche más con las ranas.

Seguramente hay personas que pueden hacer las cosas mejor que yo. Pero tú eres quien debe decidir no pasar una sola noche más con las ranas. No dejes para mañana ese llamado telefónico que debes hacer, hazlo hoy. Comienza esos estudios hoy, no mañana. Quieres comenzar una nueva compañía. Arriésgalo todo hoy.

Mucha gente se ha dado por vencida en la última oportunidad. Personas que hoy podrían ser mejores, pero la duda ha hecho que pasen una noche más con las ranas. No dudes más. Háblale a la mujer de tus sueños. Dile que te mueres por ella, que cuando pasa por tu lado, se te detiene el corazón. Que algo de ti se morirá si algún día la ves entrar al altar del brazo de otro hombre.

Dile a ese muchacho que no se anima a hablarte, que si no lo hace ahora, es mejor que se olvide de ti para siempre. Que le quede claro que tú no estás dispuesta a pasar el resto de tu vida al lado de un pusilánime que ni siquiera tiene el valor para mirarte a los ojos y decirte que se muere de amor por ti. No más ranas en tu vida. Que esta misma noche se vayan. Hoy, ahora, es el momento de quitarlas de tu recámara, de tu casa, de tu automóvil, pero sobre todo, de tu vida.

CAPÍTULO 11

DON COHEN

Este mensaje nació hace algunos años con el llamado telefónico de un querido pastor a quien respeto profundamente, Don Ítalo Frígoli. Un día me dijo: «Tengo una historia que presiento que sabrás sacarle el jugo... ¿has pensado qué le habría pasado a una familia que decidiera quedarse en medio del desierto y no seguir a Moisés? No está en la Biblia, pero es una muy buena metáfora para graficar todo lo que pudo haberles sucedido por moverse fuera de la voluntad de Dios». Aquello fue un detonador para mí y aunque inicialmente llamó a esta historia «Los Goldsteins», decidí optar por otro apellido, tan judío como ese y lo rebauticé «Don Cohen». A partir de aquel momento el mensaje dio la vuelta al mundo y ha sido uno de los sermones que más he predicado en momentos cruciales en diferentes naciones.

En cierta ocasión un reconocido pastor debía retirarse de su ministerio debido a una enfermedad terminal y la congregación se debatía si quedarse con el nuevo ministro o irse a otra iglesia, relativizando la importancia de permanecer bajo la nube de Dios. Luego de predicar este sermón, fue asombroso ver a cientos de personas conmovidas por el llanto, observando las consecuencias que podría traerles el moverse fuera de la voluntad divina.

Prediqué por primera vez este mensaje en mayo del año 1999 en la Igle-sia Rey de Reyes de Belgrano, Buenos Aires. Luego también lo incluiría como uno de los capítulos de El código del campeón (Editorial Vida).

Antes de meternos en esta fascinante historia, tengo que aclararte que a través de los años, junto a mi esposa, siempre hemos mantenido una singular «paranoia santa». Nuestro mayor temor es hacer algo que Dios no nos mandó, salirnos de la voluntad de él, adelantarnos en sus planes. Tal vez se deba a que conocemos los beneficios de estar en el centro de su perfecta voluntad. Por eso, nos aterra el solo pensar que podemos alejarnos de sus designios.

La historia es testigo de muchos deportistas que en la cima de su carrera firmaron el contrato equivocado. Presidentes que estamparon su sello a un decreto incorrecto. Actores que eligieron un mal libro y una peor película que los empujó al olvido. Boxeadores que salieron a pelear cuando debieron haberse retirado a tiempo. Predicadores que se equivocaron en un proyecto que no había nacido en el corazón de Dios.

Si alguien quiere experimentar la victoria, no puede obviar el momento de las decisiones fundamentales. Por eso quiero que me acompañes a conocer a un personaje muy particular, porque siempre he creído que esto pudo haber ocurrido.

Es robusto, porta una espesa barba rojiza y tiene unos cuarenta y tantos años. Se llama Felipe Cohen, es esposo de Rebeca (una dulce mujer muy bien parecida) y padre de cinco hermosos hijos, que van desde los quince a los cinco años de edad.

Los Cohen son una familia tipo. Él trabaja en la ganadería, saca la basura, tiene un gran danés como mascota y juega al golf en los ratos libres. Ella es una excelente cocinera, ama a sus hijos con locura y tiene debilidad por los mariscos. A decir verdad, los Cohen nunca hubiesen pasado a la historia de no ser porque eran una de las tantas familias que integraban el éxodo por el desierto. Nuestros nuevos amigos se dirigen hacia la tierra prometida y son liderados por un viejo patriarca, llamado Moisés.

Para ser más precisos, hace unos catorce años que están dando vueltas por el interminable y árido desierto. Una nube los guía durante el día y una columna de fuego los protege por las noches. La filosofía de trabajo es más que sencilla: si la nube se queda quieta, todo Israel acampa debajo; si la nube comienza a moverse, todo el mundo levanta campamento y se dispone a seguirla. En pocas palabras: son nómadas hasta nuevo aviso.

Los Cohen ya lo han incorporado a su habitual rutina. En efecto, sus niños no conocen otra cosa que la blanca arena del desierto. Lo único que altera la semana es cuando los centinelas anuncian que la nube ha comenzado a moverse; recién entonces, renace la esperanza de estar más cerca del destino, de esa famosa región que Moisés les prometió una y otra vez que conocerían. De eso se trata la vida de los Cohen. Acampar, embalar maletas, arriar el ganado, desempacar maletas, volver a acampar hasta la nueva señal.

Pero algo mortalmente serio va a ocurrir en la vida de los Cohen. Algo que la leyenda dice que los marcó para siempre. Un crac. Un sorprendente giro inesperado.

Dicen que todo comenzó con una charla privada en la cama matrimonial, un incierto día, alrededor de las once de la noche.

—Estoy harta de dar vueltas.

La frase de la mujer paralizó a Felipe, que intentaba hojear el periódico, luego de un día agotador. Pensó que solo se trataba de sus habituales cambios de carácter, de algún desfasaje hormonal de último momento.

—Dije que estoy harta de dar vueltas por este desierto árido.

Esto viene en serio. No es un sencillo planteamiento trivial de quién se ocupará de regar los gladiolos. Rebeca está molesta. Y ya lo ha dicho dos veces.

Felipe baja el periódico y trata de hilvanar alguna frase alentadora.

—Tú sabes que nos dirigimos a la tierra que Dios habló... no creo que falte mucho...

—¿Cuál es tu concepto de «mucho»? ¿Catorce años más? Quiero un futuro diferente para mis hijos, un lugar estable; necesito tener una tarjeta personal mediante la cual la gente normal pueda localizarme; un sitio donde sacarme fotografías y mostrárselas a mis nietos diciéndoles que esa es la casa de la abuela... ¡no quiero ser una gitana por el resto de mi vida!

No quiero que te confundas ni te hagas un mal concepto de la mujer. Existe un cansancio lógico en las palabras de Rebeca. Quiere parar, establecerse. Pertenecer a algún lugar.

—Entiendo —dice Felipe acariciando los cabellos de su mujer—, sucede que estamos bajo la nube de Dios, bajo cierta protección. Hemos estado catorce años siguiendo su dirección, como el resto del pueblo. Es demasiado arriesgado pensar en...

—¿Pensar en nuestros hijos? ¿Es demasiado arriesgado pensar por una vez en nosotros? ¿No te parece un poco raro que nunca lleguemos a esa famosa tierra del «nunca jamás»? ¿Quién nos asegura que Moisés esté en sus cabales? ¿Y qué si el sol le quemó sus neuronas y estamos a merced de un loco idealista?

Felipe tiene muchos años de casado y sabe cuando su mujer habla en serio. También sabe que podría enfrentar a un ejército pero jamás desafiar a la dama con quien comparte el dormitorio. No hay mucho más por hablar, Rebeca no quiere seguir con la caravana. Quiere quedarse aquí, sin nada más que discutir.

—Cuando la nube vuelva a moverse, puedes irte tú, si lo deseas. Yo me quedaré aquí con los niños —finaliza Rebeca, antes de darse media vuelta y apagar la luz.

Al día siguiente, muy temprano, los centinelas anuncian que la nube ha comenzado a moverse. Miles de acampantes dan inicio a un nuevo éxodo. Todo el mundo corre contra el reloj, exceptuando a los Cohen, que anoche tomaron una importante determinación: no seguirán bajo la nube.

Los vecinos no caben en su asombro y se acercan a preguntarles el porqué de esa extraña actitud. En tantos años, nadie había osado quedarse. Don Cohen trata de dar algunas explicaciones. Dice que está cansado, que le dedicará el resto de su vida a su esposa, que no comparte la visión de la mayoría, les confiesa a los más íntimos que no está de acuerdo con el liderazgo de Moisés, alega que es una decisión definitiva.

Unos cuatro millones de israelitas desfilan por la puerta de la carpa de Felipe. Todos preguntan por la inercia de la familia. Es el comentario generalizado del pueblo. Los Cohen se quedan en el desierto.

Cuando el último rayo de sol se oculta tras una inmensa montaña de arena, la silueta de la última familia se recorta en el horizonte. Los Cohen han quedado silenciosamente en medio de la nada. La calma es absoluta, casi ensordecedora.

Felipe respira y llena sus pulmones con aire fresco varias veces. *«Finalmente»*, piensa, *«no fue una mala decisión»*.

No tienen que estar esperando a que una nube les tenga que decir lo que tienen que hacer. Tampoco dependen de Moisés ni de su ocasional locura. No tienen que soportar a vecinos molestos ni a la chismosa de enfrente. No fue tan mala idea, después de todo.

El frío del alma

Acaba de oscurecer y ya deberían estar en la cama. Rebeca casi no habla, solo sonríe, agradecida por el apoyo incondicional de su marido en una decisión tan trascendental.

«Hace un poco de frío», dice el mayor de sus hijos.

Es cierto, la temperatura no deja de bajar. Rebeca abriga a sus niños más pequeños y le agrega una manta al chiquito de cinco años, que no para de temblar. El frío comienza a transformarse en algo espantoso. Atraviesa los huesos. Se mete por los huecos de la carpa.

Los detractores de la Biblia afirman que jamás existió un éxodo por el desierto, ya que ningún mortal hubiese resistido las altas temperaturas diurnas y las bajísimas temperaturas nocturnas, habituales en esa zona. Lo que no saben los ateos, y tampoco lo sospecharon los Cohen, es que la nube de gloria durante la noche se transformaba en columna de fuego y eso mantenía la temperatura ideal en el ambiente.

Ahora la nube se fue con el resto de Israel, por lo tanto, esta noche no hay calefacción para la familia.

Los Cohen perdieron el fuego.

Siempre he mantenido la idea de que nadie se enfría por deporte o porque se disponga a hacerlo. Los grandes derrumbes siempre son precedidos por pequeñas grietas. Una trivial decisión errónea logra que un día nos congelemos el alma. Nos permitimos un error, una componenda, y una noche descubrimos que nuestra vida de oración es raquítica. Tratamos de hilvanar una que otra frase ordenándole a la mente que no se distraiga, hasta que finalmente nos quedamos dormidos. El fuego de la presencia divina solo es un añorado recuerdo de nuestros primeros pasos. La Biblia comienza a tornarse monótona y sin sorpresas. Los pasajes que hasta ayer nos alentaban hoy son oscuros jeroglíficos sin sentido.

Los sermones no nos saben como antes, nos resultan predecibles, redundantes.

La alabanza nos suena insípida y hasta perdemos el gusto por congregarnos.

Un domingo descubrimos que nos cuesta un esfuerzo sobrehumano colocarnos una corbata o un buen vestido para ir a la iglesia. Y ese día, comenzamos a morir un poco. El frío nos comienza a congelar el corazón.

Los Cohen pasan la peor noche de sus vidas, la más helada. Los primeros rayos del sol que se asoman en el horizonte son como un regalo esperado. Rebeca sale de la tienda a buscar el maná diario. Un desayuno frugal les devolverá el alicaído ánimo a su familia, luego de una pésima noche. Pero la mañana les tiene reservada una amarga sorpresa: tampoco hay maná para el desayuno.

«Es imposible», rezonga Felipe, «¡en catorce años, jamás nos faltó de comer!».

Lo que ignora Don Cohen es que el maná provenía de la nube. Ahora que no están bajo ella, tampoco hay provisión de Dios.

Una mala decisión afecta tu billetera. Una movida incorrecta, en el tablero de la vida espiritual, ocasionará una mesa vacía. Cuentas sin pagar. Sueldos que no alcanzan. El oscuro fantasma del desempleo. Vencimientos que nos acorralan. Tarjetas de crédito con intereses que nos abruman y cheques sin fondos. Es que, lamento decirte, en el caminar con Dios no hay fórmulas mágicas. Si no estás en la perfecta voluntad, quedas fuera del contrato y de las grandes ligas.

Pero Felipe Cohen quizá tenga sangre latina. Y alguien como él, está acostumbrado a sobrevivir con poco. «Tal vez, Dios quiere que ayunemos», dice. Él cree que Dios está tratando con ellos. Dice lo que le gustaría que Dios dijese, pero que no dice. Increíblemente, llama «prueba de Dios» a una situación que él mismo generó. Es que la crisis suena mejor si la disfrazamos de reverencia que si la llamamos por su verdadero nombre: producto de la desobediencia.

A Rebeca se le ocurre que por lo menos, tomarán algo de agua. Un té, quizá. Cualquier ser humano puede sobrevivir bastante tiempo sin comer, pero muy poco sin beber algo líquido.

Los primeros rayos del sol, sin embargo, ya evaporaron cualquier vestigio de agua. No hay nube, no hay piedras milagrosas que viertan agua, no está Moisés ni los vecinos que solían almacenar un poco de líquido en una cantimplora.

Este sí que es un mal día. Aun así, Don Cohen no ha perdido la esperanza. Considera que cualquiera puede tener una mala jornada, pero que mañana todo será diferente. Aunque no haya nada para cenar, el matrimonio y sus hijos se toman de la mano en derredor de la mesa para realizar un breve devocional familiar.

«Dios no pudo haber olvidado que le servimos tantos años», razona Rebeca entre lágrimas.

No se trata de mala memoria divina, sino de conocer cuál es el lugar correcto. En la universidad de Dios, no se califica por promedio: «Bueno... veamos, están fuera de mi perfecta voluntad, han decidido hacer lo que quieren, pero debo tener en cuenta que me sirvieron en otras ocasiones». «Esta vez no se preparó para ministrar, ni buscó mi rostro, pero voy a bendecirlo por los viejos tiempos». «Ha decidido sacarme del medio y buscarse su propia pareja sin consultarme, pero de igual modo, bendeciré su futuro matrimonio ya que en el anterior noviazgo realmente buscaba mi dirección».

Aun así, Cohen trata de comenzar una oración en la cabecera de la mesa familiar. Pero es Rebeca quien nota que el niño más pequeño está más rojo que de costumbre. Su piel parece un tanto quemada. Se le acerca, toca su frente y descubre, con horror, que el niñito vuela de fiebre. Para ser sinceros, el muchacho del medio también está insolado. Y la niña se queja de que le duele la cara y la cabeza. El mayor se quita la camisa para descubrir su espalda completamente llagada.

«Esto no puede estar ocurriendo», dice Rebeca interrumpiendo una oración que casi no pudo comenzar, «¡en catorce años, el sol nunca dañó a nuestros niños!».

Tal vez olvidó que el filtro solar para sus hijos era la nube.

La inevitable despedida del hogar

Cuando en cierta ocasión le dijeron al rey David que su hijo Absalón había muerto, el monarca levantó la voz y dejó oír en todo el palacio palabras que pudieron haber sido el epitafio para su difunto muchacho: «Hijo mío, Absalón, ¡ojalá pudiera estar muerto yo en tu lugar!».

Fueron las palabras más tristes que jamás expresó el salmista. Acaso porque la pérdida de un hijo no resiste la más mínima comparación con el dolor. Y, sin lugar a dudas, Dios jamás lo permita, no necesariamente tengamos que despedir a un hijo en derredor de un ataúd. Pero todos, sin excepción, vamos a encontrarnos con la despedida de un hijo del hogar. ¿No lo has vivido como padre? Entonces, seguramente lo experimentaste como hijo.

El fatídico día en que el niño abandona sus juguetes para transformarse en hombre. Al principio, solo es un cambio de carteles en su habitación, se despide de Barney y Mickey para dejarle paso a una estrella del fútbol o un cantante de moda. Luego, como si fuese de un día para otro, nos presenta a su novia. La mujer con la que compartirá el resto de su vida. Una perfecta desconocida que se atreverá a llevarse a tu muchacho. «No está listo para casarse», argumentará la mamá, «no sabe nada de la vida, ¡tiene apenas treinta y ocho años!». Pero ese día, tarde o temprano, tocará a tu puerta.

El día en que nuestra niña, en quien depositamos todos nuestros sueños, nos confiese que tiene un novio y que, además, lo traerá a casa. Sé lo que estás pensando. Ese muchacho no es digno para tu princesa. Ella se merece algo mejor, ¿verdad? No tiene un buen empleo, parece inmaduro, tiene demasiados granos y, además, no te gusta cómo mira a tu hija.

«Tiene una mirada lujuriosa», me dices. Y tengo que darte la razón. Tu experiencia de padre hace que te des cuenta inmediatamente cuando alguien tiene ese tipo de mirada que intenta desnudar a tu pequeña. Acaso porque reconoces que es la misma mirada tuya cuando eras soltero. Ese día, también te llegará.

Tal vez no tengas que despedir a un hijo viéndolo con un estilizado traje negro o un vestido blanco. Quizá se vaya de casa a vivir solo o tenga que irse a otra ciudad para estudiar. O un divorcio de sus padres hará que no lo veas hasta el próximo fin de semana.

Y entonces, recién entonces, es cuando hacemos memoria de aquellas malas decisiones que pudieron haberlo marcado para siempre. Que los afectó en su niñez.

Uno siente dolor por aquellas palabras que les dijimos en los momentos de ira. Por aquellas veces que los ignoramos o que la agenda y ese empleo que cuidamos toda la vida, nos quitaron las ganas de jugar. «Ojalá pudiera volver atrás unos quince años y arreglar mi relación con mi hijo», pensamos.

El día de la despedida daríamos cualquier cosa por detener el reloj, por parar el sol, aunque sea por una semana. La vida nos ocupó tanto tiempo que perdimos a nuestros hijos. Hoy ya no quiere jugar al fútbol contigo, tiene veintidós años y le importan otras cosas. Ya no tienes una segunda oportunidad para ir a su graduación, felicitarlo por su calificación en matemáticas o regañarlo por manchar su cuaderno con tinta. Hoy casi no te habla. La separación es tan brusca que hace un par de años que no existe el diálogo entre padre e hijo, son casi desconocidos. Cuando era niño, era tu camarada y tú eras su «Superman». Hoy son dos potencias tratando de negociar por un territorio y tú eres su dictador.

En algún momento hubo un *crac* en la relación. Algo que se quebró en el camino del crecimiento. Es que nuestros hijos lo saben todo. ¿Quieres conocer realmente el corazón de un hombre? Pregúntale a su hijo.

Ellos te observan en los momentos de las victorias... y también en los de las derrotas. Saben cómo reacciona su padre cuando las cosas marchan medianamente bien y cuando está bajo presión. Ellos saben que eres un hipócrita... en el hipotético caso de que lo fueras, claro.

Ellos son los mudos testigos que parecieran mirar televisión, mientras su padre critica sin piedad a la iglesia. El niño pareciera no entender demasiado cuando su madre chismea en contra de los líderes o la visión de la iglesia. Pero lo oyen todo, aun a través de las paredes.

«Yo no critico —dices—, es solo un desahogo en familia». Pero tu hijo no comprende el detalle de la semántica. Y almacena absolutamente todo en su diminuto corazón. Y algún día, en la despedida del hogar, todo aquello que inconscientemente marcó su niñez, le pondrá el herrumbrado marco a una gris relación entre padre e hijo.

No nos sirve de nada ser famosos, lograr un ministerio, un reconocimiento, una buena casa o una iglesia que nos quiera, si nos ganamos el desprecio de nuestros hijos. Las pésimas decisiones como padres, estimados Felipe y Rebeca, harán que el sol haga estragos en la piel de nuestros niños.

La madre puede observar la piel llagada de su pequeño y culpar al líder juvenil. O tal vez a la iglesia que no supo contenerlo. O quizá el departamento juvenil no tenía un buen programa. O lo más fácil, «un demonio» se apoderó de él. Pero en este caso, Rebeca sabe la verdad: si no estás bajo la nube, no pidas protección para tus hijos.

Tal vez consideró que si no seguía a Moisés, ella era la única perjudicada. «Es mi decisión, soy adulta y no afecto a nadie», —habrá pensado. Pero olvidó la maldición generacional. Pasó por alto la salud de los suyos, de los más chicos, de los que inocentemente pagarían la consecuencia de una decisión equivocada.

Los Cohen se miran y no hace falta decir nada más. Arman las maletas lo más rápido que pueden, la luz de la luna les sirve para buscar algunas cosas en la oscuridad. Deciden unirse a los demás, meterse bajo la nube.

De pronto, a lo lejos, puede sentirse el estruendo que producen los cascos de caballos en la arena. *«Tal vez alguien nos echó de menos»,* piensa Felipe. Pero no se trata de exvecinos. Son bandidos, forajidos. Suelen ir detrás del campamento buscando rezagados sin protección. Querrán robarles lo último que les queda, raptar a sus niños y quizá algo peor. La leyenda dice que los Cohen abandonaron todo y se dieron a la fuga en las penumbras de la noche, en dirección a la nube.

Nadie sabe, a ciencia cierta, si llegaron a tiempo. Algunos afirman que viajaron toda la noche y, a la mañana siguiente, se unieron al campamento, al otro lado de la montaña. Pero otros dicen que fue demasiado tarde. Imposible correr con cinco niños por el desierto. Por eso, esta es una historia con final abierto. En realidad, nunca sabremos lo que pasó, tal vez porque solo se trata de ficción.

No obstante, si sientes la helada brisa del frío espiritual por las noches, el hambre por el pan fresco de Dios se está tornando insoportable, la sed por su presencia te acaba de resecar la boca, tus finanzas no gozan de buena salud, y los tuyos están desprotegidos e insolados por la vida... Entonces, mi querido Cohen, ¡corre por tu vida!

CAPÍTULO 12

LA HISTORIA JAMÁS CONTADA

Este relato nació para la grabación de mi primer disco de mensajes, en el año 1991, en ese entonces en formato de casete, que podía adquirirse con un periódico llamado «Visión Joven». Por muchos años no volví a hacerlo, hasta que decidí contar esta historia con el apoyo de un vídeo que nuestro equipo de editores prepararon con imágenes del cielo, la cruz y el infierno durante el Domingo de Resurrección en el año 2009, en la Catedral de Cristal de Garden Grove, California. Recuerdo que una semana antes anunciamos que debido a las imágenes explícitas que se verían el domingo, recomendábamos que todos los menores de once años asistieran a la escuela dominical. Aun así, los adultos se tapaban los ojos en determinados momentos del relato, esencialmente durante el diálogo de los demonios o los momentos más sórdidos de la crucifixión. Luego repetí el relato al siguiente año y nuestra congregación invitaba a sus seres queridos para que escuchasen la historia. Después de contarla, siempre quedaban lágrimas en los ojos del público y era muy fácil predicar un sermón evangelístico. Recuerdo que solía terminar con el mensaje: «No te limpies esa sangre».

Aquí, por primera vez, quiero presentarte la transcripción de esa historia conmovedora.

Quiero relatarte la historia que jamás se ha contado y es la más fuerte que vas a escuchar en toda tu vida. En la caverna principal del infierno se lleva a cabo una reunión siniestra de emergencia, Satanás ha convocado a los jerarcas más importantes del reino de las tinieblas. Lucifer, está sentado en un imponente y lúgubre trono ancestral.

Todos los escalafones de la oscuridad están presentes: Chacal, el primer lugarteniente, toma la palabra y dice:

—¡Estamos a punto de eliminar al Hijo de Dios!

Otro demonio que acechaba desde la oscuridad y parece ser el más viejo, el Horripilante Sodomita, agrega:

—¡Es la victoria más aplastante que jamás hayamos tenido!

En ese instante, Lascivo, un demonio asqueroso y gordo, agrega:

—Voto porque lo humillen y que lo desnuden. ¡Quiero ver desnudo al Hijo de Dios!

—Me gusta —dice Lucifer—, brindo por la humillación pública.

Fórnico, un demonio deforme de veinte centímetros de estatura dice:

—¡Hagamos que le traspasen la sien con una corona de espinas! ¿Acaso un rey no merece una corona?

Tubérculos, agrega:

—Vinagre... el que dice saciar la sed de los demás, merece tomar vinagre para calmar su propia sed...

Un demonio con cara de cerdo levanta la voz:

—Nunca pude olvidarme cuando nos echó del gadareno. ¡Dame permiso para vengarme abriendo su costado, su majestad!

Los demonios festejan, pero Satanás musita:

—Necesito más ideas en cuanto a cómo humillar al Hijo de Dios...

Y en ese entonces, toma la palabra otro demonio con cara de odio y resentimiento, y dice:

—Por supuesto, su majestad de la oscuridad, recuerda que yo llevé a Judas a un vergonzoso suicidio... Judas terminó como un cobarde colgado de una horca; puedo ocuparme de llenar de vergüenza al Mesías. Solo permíteme ese magnífico honor.

En ese instante, el príncipe de las tinieblas dejó su trono y se puso en pie. Emergió de la oscuridad el legendario ángel de luz, Belcebú, la serpiente antigua, el dragón.

Hay algo que preocupa al ángel caído, algo que aún lo intranquiliza. La figura se dibuja imponente entre el azufre y las cenizas. Es entonces cuando clama a gran voz:

—Hay algo que no ceso de preguntarme: ¿Por qué Dios no interviene cuando sabe que estamos matando a su Hijo? Me pregunto: ¿por qué no hace nada, aun cuando ve que lo estoy aniquilando?

—¡Porque Dios es un flojo! Y usted tiene la llave de la vida y la muerte, su majestad —responde uno de sus patriarcas demoníacos.

Mientras tanto, en la superficie terrestre, en el Gólgota, se lleva a cabo la muerte más espantosa que un ser humano pueda soportar. Violentamente toman sus brazos, le amarran sus muñecas. Los hebreos limitan sus azotes a cuarenta, pero los lictores romanos no tienen límite. La víctima está a merced de sus verdugos. El látigo se llama «flagrum», que no es otra cosa que tiras largas de cuero con metal en las puntas, que con cada golpe laceran la carne, dejando al descubierto venas, músculos, tendones y hasta los intestinos.

La multitud grita desaforada. Han golpeado su rostro. En ese momento el Maestro sufre de vértigo, calambres, una sed quemante y rabiosa, hambruna, insomnio. Fiebre traumática en todo su cuerpo. Todo el dolor está intensificado hasta el punto de no poder soportarlo.

Es entonces que cae al suelo por llevar esa pesada viga, todo movimiento mínimo es doloroso. Las venas laceradas, los tendones aplastados, las heridas gangrenándose poco a poco. Las arterias inflamadas oprimen el cerebro por la sobrecarga de sangre. Su lengua está hinchada por la deshidratación y el sueño.

De pronto, el Maestro mira a los ojos a Simón de Cirene cuando este quiere limpiarse un poco de sangre que había salpicado su sandalia. El Señor le dice:

—No la limpies, hay un propósito con esa sangre...

—¿Propósito? ¿Qué quiso decir con «propósito»? —vociferó un demonio raquítico que lo oyó desde el mismo seno del infierno.

Mientras tanto, querubines, serafines y arcángeles observan el Gólgota en silencio. Coros superiores e inferiores dejaron de cantar. Esta es la primera vez que el cielo se viste de silencio... y de luto. Nadie alaba a Dios hoy.

Allí están todos, enmudecidos y anonadados:

El ángel que anunció a Sara que tendría un hijo en su vejez.

El que había luchado con Jacob en Peniel.

El ángel que había cuidado el árbol de la vida en el huerto.

Miguel, que había luchado con Lucifer.

Gabriel, que había anunciado el nacimiento de ese Mesías que ahora estaban asesinando.

Otro ángel que cantó en Belén.

El que alertó a Josué para que escapara a Egipto.

El ángel que fortaleció a Jesús en la tentación del desierto.

El que estuvo con el Maestro en la agonía del huerto.

Y el Padre, que trata de explicar lo que en el cielo todavía nadie puede comprender: «Así es Hijo mío. Hay un propósito con esa bendita sangre».

Los ángeles siguen mudos. Algunos de ellos lloran en silencio, sabiendo que a la mínima orden del Padre, al menor gesto, una legión de ellos podría rescatar al Hijo de Dios.

Mientras tanto, en la superficie del Calvario atraviesan estacas de hierro en las manos de Jesús, rompiendo tendones, abriendo venas y arterias. Cada golpe hace que su cuerpo entero se convulsione de dolor. La sangre es espesa y está separada del suero acuoso. Una coagulación masiva invade todo su cuerpo. En ese momento, con total control de su mente dice: «Perdónalos... no saben lo que hacen».

Ponen la cruz en un agujero, mientras que los fluidos le comprimen el cerebro. Un malhechor crucificado a su lado grita:

—¡Si eres el Hijo de Dios, sálvate a ti mismo!

Y el otro criminal le ruega:

—Señor... acuérdate de mí cuando estés en tu reino.

El Señor, mirando al malhechor a los ojos, con un esfuerzo sobrenatural le hace una promesa:

—De cierto, te digo, hoy mismo estarás conmigo en el paraíso.

—¿Paraíso? ¿Qué quiso decir con que hoy estará en el paraíso? —gritó el príncipe demoníaco que escucha la frase dicha desde la cruz—. Algo está mal aquí. Hay algo que no sabemos. Acaba de hablar que estará en el paraíso. Él no puede irse al paraíso. ¡Se supone que tiene que ser vencido por la muerte!

En ese instante el infierno comienza a temblar como una desenfrenada tropilla de caballos salvajes. El sol se oscurece de golpe. Las rocas se parten, el viento azota sin piedad. Los sepulcros comienzan a abrirse. La tierra no para de temblar. Los soldados romanos por primera vez sienten pánico. El Dios de Israel comienza a ponerse en pie. Los ángeles irrumpen en alabanza luego de horas de no cantar. Los demonios se retuercen de dolor.

Un centurión romano grita: «¡Sin duda este era el ungido de Dios!». Es entonces cuando el Señor despoja a los principados y potestades, exhibiéndolos públicamente, triunfando sobre ellos desde lo alto de la cruz.

Satanás maldice mirando al cielo, mientras que el velo del templo se acaba de rasgar en dos. Prepárate infierno, prepárate muerte, porque el Señor va a resucitar, va a regresar, él estará de vuelta. Mientras tanto, él grita: «¡Consumado es!».

CAPÍTULO 13

VACAS SAGRADAS

*Me debatí mucho en cuanto a si debía incluir este mensaje en el libro.
No solo por lo controversial, sino porque es uno de esos sermones que
generan acalorados debates, ofenden susceptibilidades e incomodan
la teología de algunas personas. Mi esposa suele decirme que dentro
de mí siempre luchan dos personalidades: aquel que quiere pasar
inadvertido y no molestar a nadie (yo siempre le aseguro que sería
un tipo feliz si viviera en una casa frente al mar, en una playa despo-
blada frente a un faro abandonado), y otro Dante que le gusta tirar
bombas molotov a la religión organizada, con todo el efecto colateral
que eso siempre ocasiona. Obviamente siempre le digo a Liliana que
estoy lejos de ser este último que ella menciona... pero a juzgar por
la decisión de incluir este mensaje en el libro, es obvio que convivo
con un terrorista espiritual escondido en algún lugar remoto de mis
entrañas.*

*Aún recuerdo la mañana que decidí ir en contra del «ganado
sagrado» de nuestro querido evangelio, fue un caluroso domingo cali-
forniano de agosto de 2012 en el Anaheim Convention Center.*

«Quitó los altares paganos, destrozó las piedras sagradas y quebró las imágenes de la diosa Aserá. Además, destruyó la serpiente de

bronce que Moisés había hecho, pues los israelitas todavía le quemaban incienso, y la llamaban Nejustán» (2 Reyes 18.4).

¿De qué se trataba esta serpiente de bronce? Hagamos un poco de historia... Por alguna razón Dios permitió que unas serpientes venenosas se metieran entre el pueblo de Israel. Esa historia se encuentra en Números 21.4–9: «Los israelitas salieron del monte Hor por la ruta del Mar Rojo, bordeando el territorio de Edom. En el camino se impacientaron y comenzaron a hablar contra Dios y contra Moisés: ¿Para qué nos trajeron ustedes de Egipto a morir en este desierto? ¡Aquí no hay pan ni agua! ¡Ya estamos hartos de esta pésima comida! Por eso el SEÑOR mandó contra ellos serpientes venenosas, para que los mordieran, y muchos israelitas murieron. El pueblo se acercó entonces a Moisés, y le dijo: —Hemos pecado al hablar contra el SEÑOR y contra ti. Ruégale al SEÑOR que nos quite esas serpientes. Moisés intercedió por el pueblo, y el SEÑOR le dijo: —Hazte una serpiente, y ponla en un asta. Todos los que sean mordidos y la miren, vivirán. Moisés hizo una serpiente de bronce y la puso en un asta. Los que eran mordidos, miraban a la serpiente de bronce y vivían».

Me asombra este principio bíblico, también me llena de temor. El pueblo murmuraba, le faltaba fe, se llenó de incredulidad y a causa de ello entraron las serpientes al campamento. Comenzaron a picar a muchos y morían. Al darse cuenta de su pecado y sus consecuencias, el pueblo fue a hablar con Moisés y le dijo: «A causa de nuestro pecado es que estamos muriendo». Debe ser espeluznante ir a acostarse por las noches en un desierto y sentir que, debajo de las mantas, entre las tiendas, hay serpientes arrastrándose. ¿Cómo hacer con los niños? ¿Dónde los haces dormir? En el desierto no hay plantas altas, no puedes llamar a un exterminador de plagas. No había manera de defenderse, por eso muchos morían.

Cuando el pueblo reconoció su pecado, le pidió a Moisés que orara a Dios para restaurar el cerco de protección que le había sido quitado a causa de la incredulidad. Moisés oró, pero la respuesta de Dios no fue aniquilar a las serpientes, no quitó la plaga. Dios le dijo que, si por falta de fe entraron las serpientes, por causa de la fe también serían sanos.

«Hazte una serpiente de bronce, envuelta en un asta, levántala en alto y cuando alguien sea mordido que mire la serpiente que está allá en lo alto y entonces no morirá». Nadie quería ese tratamiento médico. Me imagino a Moisés, tener que comunicarle al pueblo: «Oigan, las serpientes no se irán. Es más, los seguirán mordiendo. Pero Dios me dijo que cuando sean mordidos, levanten su vista, miren la serpiente de bronce que estará levantada, y serán curados, no se van a morir». Esa fue la única solución que Dios le dio al pueblo.

Las serpientes tipifican el veneno del pecado, lo que vivimos a diario, la vida común. Tenemos deudas, enfermedades, infortunios, una vida que a veces nos lleva por desavenencias que no esperábamos. Eso es literalmente la vida real. El Señor quiere enseñarnos que: «Él no nos quitará de la vida real. Pero, aunque vengan los problemas, aunque sientas la mordedura y el veneno de la serpiente, solo tienes que levantar la mirada y serás libre». La Palabra de Dios nos dice que: «Como levantó Moisés la serpiente en el desierto, así también tiene que ser levantado el Hijo del hombre, para que todo el que crea en él tenga vida eterna» (Juan 3.14–15).

Cuando miramos la cruz, en cualquier momento de la vida, tenemos que recordar el porqué estamos en esta tierra y vamos a sus pies. Algunos creen que nos congregamos para ser felices, para que las cosas nos vayan bien y, aunque todo eso viene acompañado, no es esa la verdadera motivación. Vamos a la iglesia para que cuando las mordeduras de la serpiente lleguen durante los días comunes de la vida, podamos tener un lugar donde levantar la vista y encontrar respuesta a nuestra necesidad.

La serpiente en el desierto era una sombra, una figura de lo que sería la cruz tiempo después. Podemos mirar la cruz y decir: «El Señor hizo un sacrificio de sangre por mí. Él subió a la cruz para darme acceso a la vida eterna».

«¿De qué puede librarme una serpiente de metal? Eso no tiene sentido», y seguramente algunos se negarían a mirarla, entonces morían envenenados. Pero otros que antes habían sido incrédulos, después confiaban con fe y miraban hacia lo alto, a la serpiente de bronce, para ser inmunes al veneno. La Biblia no dice cuánto tiempo debían mirar, solo afirma que debían alzar la vista, era solo una mirada de fe.

Era una mirada al Señor que «puede salvar al pecador» como decía una vieja canción que cantábamos cuando éramos niños. Es que solo una mirada de fe es la que puede literalmente cambiar el rumbo de nuestra vida. Es una mirada de fe.

Y un día Ezequías destruyó aquella serpiente...

Muchos años después de ese suceso, Dios levantó en Israel a un rey llamado Ezequías. Él quitó los lugares altos, quebró las imágenes, cortó los símbolos de los dioses paganos e hizo pedazos la serpiente de bronce que había hecho Moisés, porque hasta ese entonces los hijos de Israel la adoraban, le quemaban perfumes, por lo que la llamó Nejustán (2 Reyes 18.4).

Imagínate, si actualmente se descubrieran restos del verdadero madero donde fue crucificado Jesús, o el santo grial, la copa donde Jesús bebió el último vino, o los restos del pesebre. O que encontraran algún clavo real de los que crucificaron al Señor y que traspasaron sus manos o sus pies. Cuando viajé a Israel vi a la gente arrodillada sobre un mármol que el catolicismo afirma que fue donde acostaron el cadáver de Jesús. De hecho se han construido grandes templos y catedrales alrededor o encima del Monte de los Olivos, el huerto de Getsemaní, la casa de Pedro o las ruinas de Capernaúm.

El hombre es idólatra por naturaleza. Las personas prefieren creer en lo que ven, en lo que pueden palpar, en lo que huelen y sienten, antes de creer por fe. Siempre ha sido así. Es por eso que las religiones más exitosas son aquellas que le dan a la gente algo para palpar. Si te encuentras con una persona que no cree en nada, pero está muy enferma, y le preguntas: «¿Crees que el Señor murió por ti para sanarte?». Seguramente no lo creerá tanto como si le das una imagen de yeso y le dices: «Ora a esta imagen todos los días, le das tres vueltas y la besas en la mejilla cada mañana, y vas a ver que te vas a sanar».

Aquella serpiente que fue levantada en alto en el desierto fue hecha para un momento puntual, para que no murieran envenenados en el desierto, sin embargo, años después la veneraban. ¡Qué habrán sentido los israelitas cuando el rey destruyó algo que Dios había utilizado para dar sanidad al pueblo!

Pero Ezequías lo destruyó porque se había perdido la motivación, la serpiente levantada en el desierto ya no era para inmunizar a los hijos de Israel del veneno, se había transformado en un ídolo. Todos la veneraban. Por ello el rey destruyó la imagen junto con todas las otras. Eso fue literalmente «tocar una vaca sagrada».

Cuando el Señor se encontró con la mujer samaritana, ella le dijo: «Señor, me doy cuenta de que tú eres profeta. Nuestros antepasados adoraron en este monte, pero ustedes los judíos dicen que el lugar donde debemos adorar está en Jerusalén. —Créeme, mujer, que se acerca la hora en que ni en este monte ni en Jerusalén adorarán ustedes al Padre. Ahora ustedes adoran lo que no conocen; nosotros adoramos lo que conocemos, porque la salvación proviene de los judíos. Pero se acerca la hora, y ha llegado ya, en que los verdaderos adoradores rendirán culto al Padre en espíritu y en verdad, porque así quiere el Padre que sean los que le adoren. Dios es espíritu, y quienes lo adoran deben hacerlo en espíritu y en verdad» (Juan 4.19–24).

No se trata de buscar un lugar o una cruz para idolatrar, sino de adorar al Padre en espíritu y en verdad. Porque Dios está buscando verdaderos adoradores. Y aunque el Señor fue claro en esto, nosotros, sus seguidores, tenemos «vacas sagradas». Cosas que no se pueden tocar, que forman parte de la estructura religiosa en la que hemos crecido.

Algunas de nuestras vacas sagradas...

La protección de las vacas es el eje más importante de la religión hinduista. Si viajas a la India verás que las vacas caminan libremente por todo lugar y cuando están cruzando la calle, todo el tránsito se detiene. Están protegidas por la ley. Nadie puede tocarlas ni hostigarlas porque son sagradas, para ellos es dios caminando por las calles. Los hindúes creen que dentro del cuerpo de la vaca hay trescientos treinta millones de dioses y diosas.

Filosóficamente en nuestra cultura se llama «vacas sagradas» a las cosas que nunca se las objeta y que son reverenciadas. Son esos temas que nunca se los examinan de forma objetiva, simplemente son aceptados. Las vacas sagradas de la religión pueden ser fácilmente detectables, se necesita formular una simple pregunta para identificarlas: «¿Por qué estamos haciendo esto?». Si la respuesta es: «Porque siempre lo hicimos así, o así es como lo hacemos aquí», es muy probable que hayamos encontrado una vaca sagrada.

El evangelio tiene muchísimas vacas sagradas.

Durante varios años me congregué en iglesias que tenían vacas sagradas. Cuando preguntabas por qué algo se hacía de esa forma, la respuesta era: «Porque acá siempre se hizo así». Yo buscaba una respuesta un poco más elocuente basada en una doctrina bíblica, pero no la hallaba. Una cosa es no caer en la irreverencia o lo profano. Si es casa de Dios, no puede ser un boliche bailable. Pero otra muy distinta es «adorar» ciertas liturgias o doctrinas.

Había un diácono que siempre estaba parado en la puerta de la iglesia, su expresión no era buena, tenía cara de bulldog, siempre parecía enojado. Cada vez que uno ingresaba al templo, parecía que te miraba y te gruñía. La verdad es que no le brindaba un aspecto cordial y amable a la iglesia. Por eso me preguntaba: «¿Por qué no quitan a este hombre de este lugar?». Era el dueño de la puerta, parecía tener más autoridad que el mismo pastor. Hasta que un día, le pregunté: «Pastor, ¿qué hace ese hombre allí?». Y su respuesta fue la siguiente: «No podemos sacarlo de ese lugar. Él fue quien puso la piedra fundamental de esta iglesia, el primer ladrillo». Realmente creo que era mejor devolverle el ladrillo y que se fuera. Pero nadie se atrevía a sacarlo, era una «vaca sagrada».

«El otro evangelio»

Me molesta mucho cuando se añade al evangelio algo que no es necesario y se predica como si fueran principios bíblicos, diciendo: «Aunque no está en la Biblia, ¡debería estarlo!». El hombre es una criatura con costumbres y se aferra a las tradiciones. Hoy, los cristianos no adoramos a una virgen ni nos arrodillamos ante una serpiente de metal, pero sí lo hacemos ante tradiciones. Eso indica que estamos fuera de la sana doctrina.

Dios levantó a un rey llamado Ezequías para que derribara aquello que en algún momento sirvió, pero que hoy no sirve, son solo objetos de adoración. Una de las «vacas sagradas» tradicionales de la prédica es cuando decimos: «Reciba a Cristo como su salvador personal». La palabra «salvador personal» no aparece en ninguna parte de la Biblia. Aunque Jesús murió por cada uno de nosotros, cuando en una iglesia no decimos la expresión «salvador personal», parece que la gente no fuera salva. Es como decir: «Te presento a mi esposa personal o este es mi padre personal». La frase «salvador personal» suena a un Jesús de bolsillo.

Lo mismo ocurre con la oración que debe repetir al pasar al altar. Jesús no le hacía repetir oraciones a nadie. En el Sermón del Monte Jesús nunca dijo: «¿Quién quiere ser mi discípulo? Veo una mano levantada debajo de aquella higuera. Voy a esperar unos diez minutos más mientras Pedro toca una suave melodía en el arpa... Mientras tanto repita conmigo: "Señor Jesús..."». Esto nunca fue así. La gente simplemente tenía que creer en él. No está mal hacer repetir una oración. Lo que está mal es adorar un sistema y que si no es así, entonces significa que no hay convertidos en la iglesia.

Cuando voy a predicar a alguna iglesia, los organizadores o el pastor me preguntan: «Al terminar la prédica, ¿llamarás a la gente al altar?, ¿les haces repetir la oración del pecador?». Entonces respondo: «A veces sí, a veces no». Una vez alguien se me acercó y me dijo:

—Pastor ¿qué hago para recibir a Cristo?

—¿El mensaje realmente tocó tu corazón y estás arrepentido? —le pregunté.

—¡Ah, sí!

—¿Crees en Cristo?

—Sí, con todo mi corazón.

Con eso fue suficiente. No hubo que repetir ninguna oración; hasta el día de hoy es un cristiano firme en Cristo.

Algunos al verme predicar me preguntan: «Pastor, ¿no hizo el llamado?». Muéstrenme en dónde Jesús hizo un llamado. Todos sus mensajes eran un llamado implícito. Simplemente predicaba y con sus palabras traspasaba corazones. Te conmovía hasta las entrañas. Cuando lo que estás predicando es Palabra de Dios, la gente llora.

No quiero decir que invitar a la gente al altar esté mal, de hecho, a mí me gusta hacer el llamado al altar de vez en cuando. Lo que me molesta es cuando algo se transforma en una vaca sagrada y si no lo hacemos, entonces la fórmula no funciona.

El «llamado al altar» nació hace unos ciento cincuenta años con el evangelista estadounidense Charles Finney. Lo utilizó como un medio para separar a aquellos que querían conversar más acerca de la salvación y necesitaban disipar dudas, entonces podían pasar al altar y quedarse luego de terminado el servicio.

Tampoco es importante la posición en la que debes estar para que la gloria de Dios te visite. Durante el Pentecostés estaban los ciento veinte reunidos, la frase que más se destaca de este texto es: «estaban todos unánimes juntos». De pronto vino el Espíritu Santo como un viento recio y como un estruendo, pero... ¿Estaban sentados o de pie? La Biblia menciona que todos estaban sentados. ¿Nadie se cayó? Supongo que no. No importa la posición en la que te encuentres, cuando el Señor quiere tocarte, lo hace. En muchas oportunidades mientras estaba escribiendo en mi escritorio, el Señor me abrazó con su gracia y unción. Yo no estaba buscándolo específicamente, no estaba adorándole, pero él me sorprendió. Eso incomoda mi teología, porque a mí me enseñaron que para que el Señor te hable hay ciertos pasos que debes cumplir primero.

Algunas congregaciones tienen métodos especiales para el seguimiento de recién convertidos a través de la célula, la barca, la espiga, el racimo o el nombre que decidan darle. Es un programa de retención de nuevos cristianos para que permanezcan en la iglesia. Y cuando hablas con los integrantes de esas congregaciones dicen: «Si no tienes un sistema de seguimiento, tu iglesia no va a crecer». Pero cuando busco en la Biblia descubro que no es condición determinante hacerlo. No estoy diciendo que esos programas no sean buenos, sino que son estrategias que cada congregación puede tener, pero eso no implica que sea obligatorio porque así lo dice la Biblia. Esos sistemas no son la serpiente de bronce que toda iglesia tiene que tener.

Al estudiar la vida de Jesús, me asombré al ver que él no tenía ningún «programa de seguimiento». Nunca siguió al tipo que sanó la semana anterior para contarle una nueva parábola. Al contrario, acostumbraba a llamar a la gente a «seguirle a él». Es más, les subía los requisitos de admisión para que muchos no pudieran seguirlo, si es que sus motivaciones eran incorrectas. Él siempre tenía la actitud de «si quieren vida, entonces tendrán que venir y seguirme». La gente simplemente iba porque sabía que con él había pan para el hambre espiritual, y los saciaba. Cuando hay pan en la casa de pan, no hay que hacer esfuerzo, lo más fácil es ser pastor de una panadería donde siempre hay pan del cielo, lo único que tiene que hacer es despachar el pan, no hay esfuerzo.

Muchas veces me preguntan por las redes sociales: «¿Cómo bautiza usted?». Nosotros bautizamos por inmersión, pero el bautismo no te salva, simplemente es un símbolo de lo que primero ocurrió interiormente. Puedes zambullir mucha gente bajo el agua y simplemente las estás bañando, porque no hay verdadera conversión. Cada vez que voy a la playa y me meto en el mar no significa que me estoy bautizando otra vez. El bautismo es un símbolo que significa sepultura del viejo hombre. Si una ancianita que está por morirse me llama y me dice: «Yo nunca fui bautizada, ¿qué debo hacer?». Hay quienes en estos casos la trasladan hasta el templo para bautizarla y en el camino se desarma toda, y después la ponen dentro del agua y ahí terminan de matarla... literalmente. ¡Se murió la abuela de pulmonía! Es que si no adoramos la serpiente de metal, no está bautizada. Pero el bautismo es un símbolo. Si yo tuviera que bautizar a esa ancianita le pondría un paño de agua fría en la cabeza y le diría: «Haga de cuenta que usted ya bajó a lo profundo de las aguas, que murió a la carne». E inmediatamente saldrían quienes dirían: «No sabes... ¡Dante está bautizando con trapitos! ¡Qué hereje!». Pero es necesario saber que el bautismo no te salva si no hay un arrepentimiento genuino, ¡aunque te bautices en el Jordán! El bautismo es una consecuencia, no una causa.

En un viaje a Israel vimos una fila inmensa de gente bautizándose en el Jordán. ¡Qué hermoso es bautizarse en el brazo del río donde se supone que se bautizó Jesús! Al mismo tiempo, en el mismo lugar había unas personas embotellando el agua para luego venderla o venerarla. Al mirar esa escena me pregunté: «¿Cuántos de estos que están aquí conocerán realmente a Jesús? ¿Cuántos habrán tenido un encuentro con él? ¿Cuántos habrán dejado el adulterio, la fornicación, la lujuria, la pornografía? ¿Cuántos estarán atados y por pensar que pasan por las aguas del Jordán son limpios?». Ese es el ser humano promedio.

Es que aquí no se puede servir...

La gente se va de las iglesias por varias razones. Una es por la carnalidad y el pecado. Otra razón muy popular es porque dicen: «Es que en esta iglesia no se puede servir». Así fue que los pastores, para que la gente no se les fuera, decidieron darles lugar para servir, lo que se traduce en: «Algún sitio en la plataforma, con los ujieres y, en última instancia, en la consejería. El tema es mantenerlos ocupados para que no se vayan».

Lo más ridículo que he oído en la vida fue: «Pastor, voy a una iglesia que está muerta. Cuando mi pastor predica, me duermo. Sin embargo, en su iglesia siento la gloria de Dios. Ahí hay Palabra. Hay pan. Pero seguiré yendo a aquella iglesia muerta porque aquí no puedo servir, acá no hago nada».

Es ridículo idolatrar a una serpiente de bronce llamada «yo sirvo a Dios». Si el pináculo del servicio a Dios fuese tras el púlpito tendríamos un gran problema, porque allí solo hay lugar para veinte o treinta personas, como máximo.

Sin embargo, Jesús es un Jesús urbano. Siempre estaba buscando al perdido. El servicio es de lunes a sábado en el trabajo, la universidad, el vecindario donde vives. En todo caso el domingo es un entrenamiento para recibir y después servir predicándoles a quienes nos rodean. Si la iglesia se transforma en un desfile de gente que sirve, hemos perdido el objetivo de lo que en verdad representa. Hay que tener el valor que tuvo Ezequías para destruir las imágenes, la liturgia, aquello que ya no tiene que ver con lo que Dios hizo.

Mi querido amigo, no es importante que te caigas cuando el pastor ora por ti. Aquellos que han tenido la experiencia de caerse tocados por el poder de Dios, han dicho que no pueden explicar lo que les ha ocurrido, pero eso no es lo verdaderamente importante. Si te caes está bien y si no te caes, también está bien. Dios respeta la estructura emocional de cada quien.

No es importante que tiembles, que grites o lo que sientas. No es llevarte por un sentir. Pobres de aquellos que dicen: «Hoy no sentí mucho». Lo importante no es lo que sientes, sino lo que crees. No importa si tienes Biblia, lo importante es si la pones por obra. La Biblia no tiene ningún poder en sí misma si no la ponemos por obra.

Jesús se encontró con un ciego, escupió al piso, hizo lodo y se lo untó en los ojos. Luego le dijo: «Ve y lávate en el estanque». ¿Dónde estaba el poder: En la saliva de Jesús, en el barro de Jerusalén o en el estanque? Probablemente si Jesús hiciera eso hoy, las tres cosas serían «vacas sagradas». Después Jesús se encontró con un sordo y le dijo: «Tus oídos te sean abiertos». Continuamente cambiaba el método para que no hubiese ese tipo de imitaciones.

¿Por qué Naamán, el leproso, tenía que zambullirse siete veces en el río Jordán? ¿Habría algo en la zambullida? Podían haber sido diez saltos rana, cuatro vueltas al árbol... Eso no era lo importante, sino tratar con su orgullo, su obediencia, su fe, su carácter. Eso era lo importante.

¿Qué nos va a pedir el Señor como iglesia? No lo sé, pero estoy seguro de aquello que no nos está pidiendo: Que no imitemos a nadie, solamente a él.

¿Quién eres en Dios?

Cuando leo los evangelios descubro a un Jesús que rompía tradiciones. Dios desea una iglesia en la que todos puedan orar por los enfermos, reprender demonios, meterse en los orfanatos, en los hospitales y, en el nombre del Señor, tomar autoridad, aunque no esté el pastor, aunque nadie te haya dicho: «Puedes hacerlo». Haz lo que la Biblia dice, ve por las calles, toma posesión, impón manos, di: «En el nombre del Señor, sé libre».

En Argentina, en los años ochenta, muchas de las iglesias eran legalistas, hasta que un joven empresario se convirtió y, aunque no entendía mucho de la Biblia, leyó lo siguiente: «Estas señales acompañarán a los que crean: en mi nombre expulsarán demonios; hablarán en nuevas lenguas; tomarán en sus manos serpientes; y cuando beban algo venenoso, no les hará daño alguno; pondrán las manos sobre los enfermos, y éstos recobrarán la salud» (Marcos 16.17–18). Asombrado por estas palabras fue a hablar con su pastor y le preguntó: «Pastor, ¿es esto verdad?». «Sí, es verdad», respondió. Como era un recién convertido, todavía no podía predicar tras el púlpito, pero tenía el mundo entero como plataforma para predicar, y así lo hizo.

Se fue a una zona muy pobre, un lugar marginado y enfrentó a las huestes del mal diciendo: «¡Oíme bien Satanás!». Nadie le había enseñado teología, pero los demonios empezaron a manifestarse donde quiera que el sonido de su voz ingresaba. Pocas semanas después toda la iglesia en Argentina puso sus ojos en un hombre llamado Carlos Annacondia, un desconocido hasta ese momento.

Ciertos pastores aseguraban: «Él no puede reprender porque no es pastor y no fue comisionado por la iglesia», pero parecía que a los demonios eso no les importaba, salían de las vidas a las que estaban atormentando.

«Algunos judíos que andaban expulsando espíritus malignos intentaron invocar sobre los endemoniados el nombre del Señor Jesús. Decían: "¡En el nombre de Jesús, a quien Pablo predica, les ordeno que salgan!" ... Un día el espíritu maligno les replicó: "Conozco a Jesús, y sé quién es Pablo, pero ustedes ¿quiénes son?" Y abalanzándose sobre ellos, el hombre que tenía el espíritu maligno los dominó a todos. Los maltrató con tanta violencia que huyeron de la casa desnudos y heridos» (Hechos 19.13, 15-16).

El procedimiento era correcto, el nombre invocado era correcto, la doctrina era correcta. ¿Por qué no funcionó?

El diablo conocía los nombres, la doctrina, la fórmula, pero no conocía quién lo estaba haciendo. No se trata de adorar una «vaca sagrada» o una serpiente de metal, sino de conocer a quien está detrás del método.

Un ADN que nos identifica

Todas las formas de vida tienen un código genético, un ADN que determina gran parte de nuestros rasgos físicos y sicológicos. Ese código nos diferencia del resto de la humanidad, es la información interna que determina desde nuestro color de piel hasta nuestro carácter o tipo de cabello.

Así mismo, estoy convencido de que la iglesia de Cristo tiene un código genético espiritual único. Me ha sucedido al viajar a distintas partes del mundo, conocer a un hermano en Cristo que fue a esperarme al aeropuerto y a los pocos minutos de estar en su automóvil rumbo al hotel, sentirlo tan cercano como si nos conociéramos desde hace décadas. Hay una conexión más fuerte que la misma doctrina, la denominación o la semántica de decirnos: «Hermanos», como un mero recurso religioso, y es que nos une el hecho de que ambos tenemos el ADN de Dios. Podemos tener visiones distintas, posturas opuestas en cuanto a la doctrina, pero aun así compartimos un código genético que no puede explicarse de manera racional y que solo puede percibirse en el espíritu.

«Dios sometió todas las cosas al dominio de Cristo, y lo dio como cabeza de todo a la iglesia. Ésta, que es su cuerpo, es la plenitud de aquel que lo llena todo por completo» (Efesios 1.22–23).

Si la iglesia es el cuerpo de Cristo, obviamente tiene su propio código genético, su propia estructura molecular que la hace diferente de cualquier otra entidad en esta tierra. Sin embargo, hay diferencias culturales que no podemos evitar. Es un error tratar de ser lineal al momento de graficar cómo debería ser el servicio ideal o el mensaje correcto para llegar al mundo. Los coreanos priorizan la intercesión y la oración como parte vital de sus servicios dominicales, mientras que los hispanos hacen lo mismo con la alabanza y la adoración. Y creer que «nuestra» forma de adorar es la correcta, es adorar a una vaca sagrada, venerar a una serpiente de metal.

Hace poco tiempo alguien me pidió si podía ir a un hospital a orar por una muchacha que tenía cáncer desde los siete años y los padres consideraron que debían convocar a sus pastores amigos para que juntos oráramos al Señor por su sanidad. Allí coincidimos en la misma sala con un conocido predicador estadounidense, que luego que oráramos, me preguntó cómo marchaba nuestra congregación. En un momento de la charla me miró fijamente y casi en tono cómplice me preguntó:

—Dante, ¿Cuánto duran tus servicios dominicales?

—Unas tres horas aproximadamente —respondí.

—¿Tres horas? —repitió sorprendido—. ¿Y qué hacen en tanto tiempo?

Confieso que estuve a punto de decirle que mientras que él suele realizar un servicio de cincuenta y siete minutos (no una hora, sino cincuenta y siete minutos exactos), un hispano apenas está calentando motores a los noventa minutos de reunión. Pero el marco del hospital no se prestaba para un debate doctrinal acerca de cuánto deberían durar los servicios para considerarse una congregación saludable.

—Bueno, nosotros adoramos mucho... —respondí tratando de evadir la pregunta.

—¡Ah sí! Los hispanos hacen mucho eso... —y agregó—, pero dime algo más Dante, ¿cuánto tiempo predicas?

Aquí nos estábamos metiendo en un terreno pedregoso. Conocía al hombre que tenía frente a mí y él opina que cualquier sermón que se extienda más de los doce minutos, la gente no le prestará la menor atención y, lo que es peor, no retendrá nada de lo dicho en el mismo. Ese hombre piadoso que había venido a orar por la misma persona que yo, estaba de pie en medio del pasillo del hospital tratando de entender un tema meramente cultural. Los hispanos hacemos todo con mucha duración (no digo que sea un halago, solamente es lo que hacemos).

—Bueno... suelo predicar unos cuarenta y cinco minutos —le dije tratando de ser conservador.

—¿Cuarenta y cinco minutos? ¡Yo no sabría qué decir en cuarenta y cinco minutos! ¡Eso suman tres sermones míos! —confesó asombrado.

Claro que no le dije que he ofrecido seminarios intensivos donde en un solo día he hablado por seis horas seguidas y aun así el público se quejaba porque la jornada terminaba y quería más. Pero un estadounidense sabe que su congregación solo le dará poco menos de una hora de su tiempo dominical, y también sabe que dentro de ese lapso deberá alabar, adorar, presentar un musical, dar los anuncios, levantar la ofrenda, predicar por doce minutos, hacer un llamado al altar y luego... todos a casa.

Nos separa una gran brecha cultural, pero aun así ambos pudimos orar por el mismo milagro, sentir que compartimos la línea de batalla y que podríamos viajar juntos al fin del mundo, solo porque nos hermana el mismo código genético, el ADN de Dios. Discutir por cuál es la duración correcta de un servicio, habría sido un debate estéril acerca de vacas sagradas de cada cultura.

Por eso mantengo que es un error ser dogmático a la hora de definir lo que llamamos «un mover de Dios». Nos sorprendemos cuando nos enteramos de que el pueblo coreano se levanta todos los días a las cuatro de la madrugada para ir a orar a la montaña antes

de comenzar su jornada. O nos llama la atención que los nigeria-
nos puedan estar de pie durante un servicio de milagros que suele
durar hasta siete horas, mientras que conozco personas que deciden
cambiar de iglesia simplemente porque las sillas no son acolchadas
ni muy cómodas. Eso es lo que llamamos: «el mismo evangelio en
distintas culturas».

Estoy más que consciente de la llamada adaptación cultural de
la iglesia, de otro modo deberíamos usar sandalias, túnicas y barba
conforme a la tradición apostólica del libro de los Hechos. Ningún
ministro de occidente en su sano juicio consideraría trasladarse a
lomo de burro o de un camello si pudiera hacerlo en un automóvil.

¡No me meta el mundo en mi iglesia!

El más claro ejemplo de la contextualización del evangelio lo escuché una vez de un predicador novato que llegó invitado a una lejana
isla de nativos y cuando le tocó su turno de pasar al altar se percató
de que varias mujeres de la congregación lucían sus senos al aire.

—Pastor —le sugirió avergonzado a su anfitrión—, pídale a estas
mujeres que cubran su desnudez.

—¿Cómo se le ocurre? —respondió el ministro—. ¡No se atreva a
meter sus extrañas doctrinas mundanas en mi iglesia!

Lo que no sabía el predicador invitado era que en esa parte del
mundo quienes se cubrían los senos eran las prostitutas, tal vez con
la idea de acentuar el misterio que escondían y que estaban dispues-
tas a develar al mejor postor. Pero quienes exhibían su cuerpo con
total naturalidad eran las damas que habían sido madres y que con
orgullo habían amamantado a sus hijos. Si eres un varón y estás pensando en que deberías congregarte en una iglesia así... ¡olvídalo!

Un conocido autor dijo: «Replantear el evangelio es un nuevo len-
guaje que se hace necesario en cada generación, de la misma manera
que se necesita traducirlo en varios idiomas». Pero el peligro incide
cuando con el tiempo el evangelio se diluye y entonces el producto
final llega a ser lo que el apóstol Pablo definió como «otro evangelio».

«Me asombra que tan pronto estén dejando ustedes a quien los llamó por la gracia de Cristo, para pasarse a otro evangelio» (Gálatas 1.6).

Nuestro ministerio siempre se ha caracterizado por montar espectáculos en formato de show (ya sea en nuestros Superclásicos de la Juventud o las obras de teatro) y hasta nuestros programas de televisión están dentro del marco del entretenimiento. Aun así, ya sea en nuestras cruzadas o en cualquier evento que hagamos, el momento de la Palabra no es negociable. Quienes hayan asistido a uno de los Superclásicos de la Juventud en alguno de los estadios, saben que más allá de la puesta escénica y de los artistas que llegan a participar, habrá un momento en que me pararé tras un púlpito y me dedicaré a predicar la Palabra de Dios, por no menos de una hora.

De pronto, todo el estadio hace un silencio sepulcral y nadie siente que está en medio de un gentío, sino que escuchan el mensaje como si lo hicieran sentados en cualquier iglesia. Luego, en los resúmenes y con la edición, alguien pensará que solo se trató de un show (palabra con la que no tengo prejuicios), pero quienes asistieron saben que lo medular fue «el mensaje de la noche». Eso es lo que me tranquiliza en mi tarea de predicador, saber que sigo haciendo aquello para lo cual fui llamado hace más de veinticinco años.

Pero sería torpe de mi parte pretender que todos los evangelistas hicieran lo mismo que yo, porque de otro modo no estarían predicando la sana doctrina. De esa manera estaría tratando de defender mi vaquita sagrada, esa que llamamos «cómo se supone que se debe predicar».

Cuando debatimos doctrinas que solo nadan en la superficie, estamos defendiendo nuestras vacas culturales sagradas. Comprendo que haya diferencias entre creer o no en los dones del Espíritu para este tiempo, o en definir si somos arminianos o calvinistas, pero no podemos creer que estamos en veredas opuestas solo porque en una congregación prefieran las canciones que provienen de Australia y en otra las de México.

Recuerdo que cuando era niño, mis padres consideraron visitar algunas iglesias que quedaban cerca de nuestra casa, con el fin de ver si encontrábamos una congregación en donde nos sintiéramos cómodos sin tener que viajar tan lejos. Aún no puedo olvidar la cara de asombro de mis padres cuando a los pocos minutos de estar sentados entre la congregación, el pastor dijo algo que hizo que todos aplaudieran. Eso bastó para que nos levantáramos de allí, completamente confundidos: «No podemos congregarnos en una iglesia donde la gente aplaude como si se tratara de un espectáculo», dijo mi padre, que en aquel entonces creía que solo ese detalle era la clara señal de una iglesia apóstata.

Sin irnos a los extremos, conozco gente que literalmente podría excomulgar a cualquiera que no creyera en la danza, el arbolito de Navidad, el largo de la falda o el sistema de crecimiento celular. A propósito, hace poco me contaron esta anécdota, que me pareció muy significativa:

Un hombre iba conduciendo su auto, cuando de pronto vio a otro que caminaba sobre la baranda de un puente, a punto de saltar al vacío.

El hombre del auto corrió para decirle que Dios lo amaba. Al otro hombre se le llenaron los ojos de lágrimas. Entonces le preguntó:

—¿Eres judío, cristiano, hindú o qué?

—Evangélico... —respondió quien estaba por quitarse la vida.

—¡Yo también! ¿De qué denominación?

—Evangélico pentecostal.

—¡Yo también! ¿Evangélico pentecostal conservador o evangélico pentecostal renovado?

—Evangélico pentecostal renovado...

—¡Esto es asombroso! ¡Yo también! ¿Evangélico pentecostal renovado de la sana doctrina o evangélico pentecostal renovado liberal?

—Evangélico pentecostal renovado de la sana doctrina...

—¡Qué tremendo! ¡Yo también! ¿Evangélico pentecostal renovado de la sana doctrina que cree en el movimiento apostólico, o evangélico pentecostal renovado de la sana doctrina que no cree en el movimiento apostólico?

—Evangélico pentecostal renovado de la sana doctrina que cree en el movimiento apostólico...

—¡Milagro! ¡Yo también! ¿Evangélico pentecostal renovado de la sana doctrina que cree en el movimiento apostólico con sistema de crecimiento a través de campañas masivas o evangélico pentecostal renovado de la sana doctrina que cree en el movimiento apostólico con sistema de crecimiento celular?

—Evangélico pentecostal renovado de la sana doctrina que cree en el movimiento apostólico con sistema de crecimiento celular...

—¡Esto solo puede ser obra de Dios! Una última pregunta: ¿Evangélico pentecostal renovado de la sana doctrina que cree en el movimiento apostólico con sistema de crecimiento celular y que considera que armar el arbolito de Navidad es pecado de paganismo?

—Evangélico pentecostal renovado de la sana doctrina que cree en el movimiento apostólico con sistema de crecimiento celular... pero justamente en nuestra iglesia no creemos que armar el arbolito de Navidad sea algo tan malo...

—Entonces muérete, ¡apóstata! —y lo empujó.

No importa en cuanto coincidas doctrinalmente con la mayoría, de igual modo siempre habrá gente que apenas descubra que has osado no venerar su vaca sagrada, estará dispuesta a excomulgarte de la comunión del cuerpo de Cristo y si fuera posible, se aseguraría de que tampoco entraras al cielo.

Si a lo largo de este mensaje has descubierto que guardas una serpiente de metal en algún baúl de tu doctrina o lo que es peor, una vaca sagrada en el patio de tu evangelio, tal vez sea hora de deshacerte de ambas.

CAPÍTULO 14

MULETAS DE INCREDULIDAD

Es muy probable que recuerdes dónde estabas y qué hacías exactamente el fatídico martes 11 de septiembre en que los atentados terroristas en Nueva York y Washington marcaban un antes y un después en la historia contemporánea. Es que a veces, los acontecimientos mundiales nos sirven de eje para que a partir de ellos, recordemos otros sucesos menores que competen a nuestra vida personal.

Prediqué este mensaje el domingo 10 de marzo de 2013 en la Catedral de Cristal, en un domingo que tampoco olvidaré fácilmente; siempre recordaré dónde estaba y qué hacía ese fin de semana.

Hace poco tiempo el mundo se hizo eco del fallecimiento del controvertido presidente venezolano Hugo Chávez y una semana posterior a este mensaje, el mundo se volvía a conmover por el nombramiento del primer Papa americano de la historia del catolicismo, un argentino para ser más exacto.

Como este libro se retrasó más de la cuenta debido a mis compromisos ministeriales con FavordayChurch, la editorial fue muy gentil conmigo al darme un tiempo extra para entregar el manuscrito, pero esa misma demora fue la que me permitió incluir este sermón en la selección final. Cuando terminé de predicarlo, fue uno de mis pastores quien se acercó y me dijo vehementemente: «¡Este sermón debería formar parte de tu nuevo libro!», y en ese momento supe que este capítulo sería de enorme bendición para quienes lo leyeran. No solo por su contexto histórico, sino porque todo se alineó para que formara parte de esta antología.

—⁓—

En cierta ocasión Jesús preguntó: «Cuando venga el Hijo del hombre, ¿encontrará fe en la tierra?» (Lucas 18.8).

El pueblo de Israel partió del desierto de Sin, y cuando acamparon en Refidyn, no había agua para beber, así que altercaron con Moisés y le exigieron: «Danos agua para beber». Moisés se había transformado en el obrador personal de milagros para el pueblo de Dios. Ninguno de ellos dijo: «Si Dios abrió el Mar Rojo, envió las plagas a Egipto para que fuéramos libres, ese mismo Dios es el que puede darnos agua». Fueron directo a Moisés y le dijeron: «¡Queremos agua! Acaso no había suficiente cementerios en Egipto que nos trajiste a morir en el desierto».

«Adelántate al pueblo —le aconsejó el Señor— y llévate contigo a algunos ancianos de Israel, pero lleva también la vara con que golpeaste el Nilo. Ponte en marcha, que yo estaré esperándote junto a la roca que está en Horeb. Aséstale un golpe a la roca, y de ella brotará agua para que beba el pueblo. Así lo hizo Moisés, a la vista de los ancianos de Israel. Además, a ese lugar lo llamó Masá, y también Meribá, porque los israelitas habían altercado con él y provocado al Señor al decir: "¿Está o no está el Señor entre nosotros?"» (Éxodo 17.5–7).

El agua ciertamente brotó y todos bebieron, porque Dios nunca dejará sediento a nadie. Él no es deudor de nadie. Pero llamó a ese incidente «incredulidad», y a aquel lugar lo llamó Masá que significa «provocación, irritación» y Meribá que significa «altercado».

Nunca más fue ese un lugar de victoria. No pudieron decir: «Este lugar se llamará el milagro del agua». Dios determinó que se llamaría así para que sus hijos y sus nietos recordaran que fueron incrédulos. Dios hizo que brotara agua de esa piedra, pero estaba tan irritado por lo que el pueblo había dicho que tenía que dejar una marca por aquello.

Al profundizar más en la historia, sin embargo, descubrimos que Israel nunca tuvo verdadera fe en Dios. Habían llevado al desierto recuerdos de Egipto, pequeños dioses, a tal punto que el libro de los Hechos dice: «Casa de Israel, ¿acaso me ofrecieron ustedes sacrificios y ofrendas durante los cuarenta años en el desierto? Por el contrario, ustedes se hicieron cargo del tabernáculo de Moloc, de la estrella del dios Refán, y de las imágenes que hicieron para adorarlas» (7.42–43). Mientras adoraban a Dios tenían ídolos de Egipto guardados en sus tiendas.

Tenían ídolos escondidos mientras caía el maná del cielo y cuando Dios endulzaba las aguas amargas de Mara. Ellos pensaban: «Si Dios nos falla, tenemos dioses pequeños guardados en nuestras tiendas».

Oraciones de incredulidad

Dios no va a bendecirte si hay cosas ocultas que todavía no has rendido a la luz del Señor. La tragedia de la incredulidad es guardar algo secreto y no confrontarlo para que el Señor lo resuelva. El pueblo se sentía cómodo con sus pecados. Dios les daba de beber aunque ellos dudaban, los hacía avanzar aunque tenían otros dioses. Como no sufrieron consecuencias inmediatas por su pecado, se acostumbraron y pensaron que Dios nunca se ofendería por eso.

Al principio el pecado te hace sentir muy mal. Luego, poco a poco, comienzas a sentirte más cómodo, y dices: «Al fin de cuentas no está tan mal. Sigo prosperando, no me despidieron del empleo, por las dudas mantengo esos ídolos guardados en algún lugar de la tienda».

La Biblia narra la historia de cuando Josué fue con el pueblo a combatir a un pequeño ejército en la ciudad de Hai y ese día vivieron una gran derrota. Entonces Josué convocó una gran oración. Al mirarlos orar desde afuera del campamento cualquiera pensaría que era una oración de arrepentimiento, pero no lo fue. Todos juntos clamaban culpando a Dios: «Señor, nos prometiste victoria y nos diste derrota».

Pero Dios le dijo a Josué una frase que me impactó terriblemente: «¡Levántate! ¿Qué haces allí postrado?». ¿Alguna vez has oído a Dios decirte: «No es tiempo de orar, levántate»? Entonces Dios comienza a explicarle por qué los enemigos tuvieron victoria sobre ellos: «Los israelitas han pecado y han violado la alianza que concerté con ellos. Se han apropiado del botín de guerra que debía ser destruido y lo han escondido entre sus posesiones. Por eso los israelitas no podrán hacerles frente a sus enemigos, sino que tendrán que huir de sus adversarios. Ellos mismos se acarrearon su destrucción. Y si no destruyen ese botín que está en medio de ustedes, yo no seguiré a su lado» (vv. 11–12).

Puedes orar los siete días de la semana, las veinticuatro horas del día, pero si hay pecado en tu vida Dios no te va a bendecir. Hay que hacer determinadas cosas para orar correctamente, de lo contrario es una oración de incredulidad, no de fe, por eso Dios no va a contestar. La Biblia dice que si estás presentando tu ofrenda en el altar y allí recuerdas que tu hermano tiene algo contra ti, que dejes tu ofrenda delante del altar. Vayas primero a reconciliarte con tu hermano y luego regreses a presentar tu ofrenda (Mateo 5.23–24). Si no arreglas los temas pendientes, tu ofrenda no va a servir, se va a perder. Porque estás presentando ante Dios algo que tiene estorbo, esa es una oración de incredulidad.

Cuando cometes un pecado, te arrepientes, pero a los dos días vuelves a pecar. Suele pasar esto con los adictos a la pornografía. Pecan un sábado, pero ante la cercanía del domingo piden perdón. El martes o miércoles siguiente vuelven a caer. Entonces Satanás les dice: «No ores más, no vayas más ante la presencia de Dios. Tómate unas semanas para purificarte. Cuando estés puro, ve delante del Señor, pero así inmundo, no te atrevas, porque estás pisoteando lo que Cristo hizo por ti en la cruz». Entonces te quedas fuera de las puertas del trono diciendo: «No soy digno de orar. No soy digno».

Pero si te quedas afuera de las puertas del trono, sintiéndote indigno, eso no es humildad, es incredulidad. El Señor dice que la misma fe que te salva es la que te va a guardar para que no caigas en pecado. Si estás a un paso de pedir perdón y de que Dios te perdone. Cuando no entras a la presencia de Dios es porque te sientes sucio, lo que estás diciendo es: «Señor, no tengo fe, no creo que tu sangre pueda limpiarme otra vez». Esto no es humildad, es incredulidad. A causa de esa incredulidad empiezas a cortar oraciones y a perder comunión con Dios. Entonces él no responde la oración de incredulidad y, además, eso lo hace irritar.

Es una orden, no una consulta

Hace algunos años había un hombre de Dios con una revelación fresca, podía escuchar sus mensajes en el automóvil mientras manejaba y lo disfrutaba profundamente. Era tanta la revelación de Dios que descendía su unción y tenía que detener el auto al costado del camino para llorar en su presencia. Mi sueño era poder conocer a ese hombre en persona. Un día Dios me dio la oportunidad de estar con él, pero habían pasado muchos años. Cuando lo escuché predicar, no parecía el mismo hombre que yo escuchaba tan motivadoramente en los audios. Era la sombra de lo que me imaginaba que sería. Lo vi dubitativo, repetitivo, decía la misma frase de atrás para adelante, no había una revelación fresca.

Durante el momento del almuerzo, él abrió su corazón y me dijo: «Dios me ha ordenado que me mude a otro país, me ha dado una orden, pero no puedo hacerlo. Calculé los costos y no puedo. Aquí yo tengo mi familia, mis hijos y mis nietos. Pero aunque Dios me mandó a hacerlo, entiendo que no me va a fulminar si no voy, tampoco voy a perder mi salvación si no acepto». De hecho, Dios no lo fulminó ni perdió la salvación ni la iglesia. Tampoco dejó de predicar, pero pude darme cuenta de que ya no tenía la misma revelación fresca que antes. Dios le dio una orden, no la creyó, o lo que es peor, creyéndola no la obedeció. Sus oídos se cerraron a lo que Dios decía y perdió la frescura. Nunca sabes lo que puedes perder cuando Dios te está dando una orden y tú no obedeces.

En determinada ocasión Moisés clamó a Dios porque tenía que cruzar el mar. Entonces le dijo al pueblo: «No tengan miedo —les respondió Moisés—. Mantengan sus posiciones, que hoy mismo serán testigos de la salvación que el SEÑOR realizará en favor de ustedes» (Éxodo 14.13).

Después de esa declaración de fe, a Moisés le entró temor y se puso a clamar, pero Dios le dijo: «¿Por qué clamas a mí? ¡Ordena a los israelitas que se pongan en marcha! Y tú, levanta tu vara, extiende tu brazo sobre el mar y divide las aguas, para que los israelitas lo crucen sobre terreno seco» (vv. 15–16).

Lo que Dios quiso decirle a Moisés fue: «Hombre, deja de llorar. Dile a Israel que marche. Usa tu vara, extiende tu mano sobre el mar y divídelo. Pero deja de gimotear porque tus gritos son una afrenta a mi fidelidad. Te di la promesa solemne de liberarte, te di instrucciones específicas de lo que debes hacer, deja de llorar y ponte en marcha».

Hay gente a la que Dios ya le dio instrucciones de lo que debe hacer y a causa de ellas no puede dormir. Es lo primero que viene a su mente cada mañana, y lo último en lo que piensa cada noche. Mi pregunta es: «¿Por qué ora?». Hay cosas por las que ya no debes orar. Dios te dio las instrucciones.

Las muletas de la incredulidad

Hay un patrón entre la vida de Moisés y la de Josué, que debemos marcar. Por un lado Dios le dice a Josué: «Levántate, no ores más porque hay pecado, y hasta que no lo resuelvas no te daré la victoria». Antes de eso Dios le había dicho a Moisés: «Levántate, no ores, ahora es tiempo de actuar». Eso significa que cuando hay pecado y uno ora, la oración no sirve. También significa que cuando Dios te da una orden para hacer algo, no lo haces, y te pones a orar, la oración no solo no sirve, sino que también provoca al Dios que te dio la orden.

En nuestras biblias hay un diálogo entre Dios y Moisés. Hay una semilla de incredulidad en Moisés, y aunque Dios le está hablando, no cree. Entonces, después de muchas preguntas y muchas respuestas, Dios hace pequeños cambios en su ministerio. Ruego que esto nunca te suceda.

Cuando Dios nos manda hacer cosas, muchas veces no las hacemos porque creemos que nuestra reputación está en juego, pero lo que en verdad está en juego es la fidelidad de Dios. Las batallas no son tuyas, son de él, por lo tanto también su gloria. Cuando uno tiene cobardía, disfraza ese sedentarismo y esa parálisis diciendo: «Estoy orando para estar seguro». Esa es una frase de incredulidad.

Dios tuvo un diálogo cara a cara con Moisés. Algo que iba a cambiar su ministerio para siempre:

—Ven, te enviaré a Faraón para que saques de Egipto a mi pueblo —le propuso Dios a Moisés.

—¿Quién soy yo para que vaya a Faraón?, —preguntó Moisés.

—Ve, porque yo estaré contigo —le aseguró Dios.

—¿Y si me preguntan cuál es el nombre del Dios que me habló? —insistió Moisés buscando garantías de parte de Dios.

—Les dirás que el YO SOY me envió a ustedes —respondió Dios pacientemente.

—Pero ellos no me creerán que se me ha aparecido Jehová —repitió incrédulamente Moisés.

La siguiente pregunta que Dios le hizo a Moisés fue:

—¿Qué tienes en tu mano?

—Una vara.

—Arrójala en la tierra —le instruyó Dios.

Moisés la arrojó y la vara se convirtió en una serpiente. Al verla trató de huir de ella, pero Dios «le mandó que la agarrara por la cola. En cuanto Moisés agarró la serpiente, ésta se convirtió en una vara en sus propias manos» (Éxodo 4.4).

Después Dios le dijo: «Y ahora —ordenó el SEÑOR—, ¡llévate la mano al pecho! Moisés se llevó la mano al pecho y, cuando la sacó, la tenía toda cubierta de lepra y blanca como la nieve. —¡Llévatela otra vez al pecho! —insistió el Señor. Moisés se llevó de nuevo la mano al pecho y, cuando la sacó, la tenía tan sana como el resto de su cuerpo» (vv. 6–7).

Luego dijo: «Si con la primera señal milagrosa no te creen ni te hacen caso —dijo el Señor—, tal vez te crean con la segunda. Pero si no te creen ni te hacen caso después de estas dos señales, toma agua del Nilo y derrámala en el suelo. En cuanto el agua del río toque el suelo, se convertirá en sangre» (vv. 8–9).

Pero Moisés estaba tan incrédulo que le dijo: «¡Qué buenas las señales! Te lo agradezco, pero yo nunca me he distinguido por mi facilidad de palabra. Francamente, me cuesta mucho trabajo hablar. No soy un buen orador».

Con una gran paciencia Dios respondió: «¿Y quién le puso la boca al hombre? —le respondió el Señor—. ¿Acaso no soy yo, el Señor, quien lo hace sordo o mudo, quien le da la vista o se la quita? Anda, ponte en marcha, que yo te ayudaré a hablar y te diré lo que debas decir» (vv. 11–12). Dios no solo le dio tres señales milagrosas, sino que prometió sanarlo.

La siguiente frase exasperó a Dios, ofendió su fidelidad: «Señor —insistió Moisés—, te ruego que envíes a alguna otra persona». Esas palabras representaron la diferencia entre hablar bien o ser un tartamudo toda la vida y tener que usar muletas el resto de su ministerio. Al continuar leyendo la Biblia descubrimos que Moisés siguió tartamudo hasta que se murió.

«Ve con tu vara»

Dios le dio tres señales a Moisés, además le dijo que lo sanaría y que iría con él, pero aun así prefería no moverse porque estaba cómodo en su desierto. Hasta allí llegó la paciencia de Dios, que terminó enfureciéndose contra Moisés. Entonces hizo un cambio, el mismo Dios que dijo: «Te voy a enseñar a hablar», por haber dudado le dijo: «¿Y qué hay de tu hermano Aarón, el levita? Yo sé que él es muy elocuente. Además, ya ha salido a tu encuentro, y cuando te vea se le alegrará el corazón» (v. 14).

Dios envió a Moisés, aunque este no quisiera, porque no le estaba preguntando, estaba ordenando. «Tú hablarás con él y le pondrás las palabras en la boca; yo los ayudaré a hablar, a ti y a él, y les enseñaré lo que tienen que hacer. Él hablará por ti al pueblo, como si tú mismo le hablaras, y tú le hablarás a él por mí, como si le hablara yo mismo. Pero no te olvides de llevar contigo esta vara, porque con ella harás señales milagrosas» (vv. 15–17).

Hay un momento en que ya no tienes que dudar más, tienes que marchar, tienes que obedecer. El resto de su ministerio Moisés tuvo «muletas» a la hora de hablar, pudo haber sido sano, pero no le creyó al Señor.

Pero no fue lo único que le sucedió. Aquella vara que inicialmente era de Moisés, más adelante Dios se refirió a ella como la vara de Aarón. Cuando Moisés estaba con Aarón, delante de Faraón, Dios le dijo: «Cuando el faraón les pida que hagan un milagro, le dirás a Aarón que tome la vara y la arroje al suelo ante el faraón. Así la vara se convertirá en serpiente» (Éxodo 7.9).

El truco del milagro que Dios le había otorgado a la vara de Moisés, se lo quitó, y ahora sucede lo mismo, pero con la vara de Aarón. Más adelante dice: «Anda a verlo por la mañana, cuando salga a bañarse. Espéralo a orillas del río Nilo, y sal luego a su encuentro. No dejes de llevar la vara que se convirtió en serpiente» (v. 15). La vara de Aarón es la que se convirtió en culebra. La vara de Moisés desapareció de la Biblia. La vara de Aarón es la que más tarde floreció y finalmente permaneció en el arca, hasta hoy.

Puedes comenzar un ministerio y elegir entre salir con el ciento por ciento de Dios, sin límite de gasto en la tarjeta de los cielos o limitado por tu incredulidad. Conforme a lo que te atrevas a creer es lo que vas a tener de parte de Dios.

No ores más. Levántate de tus rodillas y comienza a hacer. Tu reputación no es la que está en juego, tu crédito no está en juego, se trata de la fidelidad de Dios. Él no va a permitir que retrocedas al desierto para orar. El tiempo de orar terminó, es el tiempo de actuar.

Hasta el día de hoy no sé si tengo algunas muletas en ciertas áreas ministeriales de mi vida. Tal vez podría tener más dones o más talentos de los que tengo. Nunca lo sabré hasta que esté con el Señor en el cielo. Pero he aprendido la lección de Moisés.

Cada vez que Dios arda en una zarza frente a mí, dándome una orden, voy a obedecer. Quizás en el camino descubra que no era Dios el que me envió. No importa, prefiero equivocarme creyendo que Dios me envió, que equivocarme por no hacer nada y no creerle a la voz de Dios.

Si Moisés hubiese terminado el diálogo ahí, otra sería su historia. Pero no fue eso lo que ocurrió. Moisés inició una serie de preguntas y dudas que enojaron a Dios y manifestaron su incredulidad.

Cuando Dios te llama no te pregunta, te ordena. Cuando Dios te llama se empecina con tu vida. Si lo vas a hacer, hazlo rápido. Sé radical en tu decisión. No sé qué es lo que Dios te está pidiendo, pero te está dando una orden y tienes que obedecer. Tal vez tienes que iniciar algún negocio. Quizás te ordenó sembrar un dinero, comprar o vender una propiedad, hablarle a ese hombre, hablarle a esa mujer, tener un hijo. No sé qué es lo que Dios te está mandando hacer. Pero toma tu vara y ve, de lo contrario tendrás que tomar una vara prestada de alguien más y continuar siendo tartamudo.

Nunca obedecí para demostrarle nada a Dios, sino que él me estaba dando una oportunidad para demostrarme quién era él. La vara representa autoridad ante la gente por haberle obedecido a Dios. Cuando obedeces lo que Dios te dice, él te delega autoridad. Cuando solo haces algo porque el pastor te lo mandó, sales con una vara prestada, con autoridad delegada por otro, y Satanás sabe cuándo alguien no tiene autoridad directa sino prestada. Cuando estés ante un demonio, no podrás decir: «En el nombre del Jesús que predica Dante Gebel». O cuando estés ante un enfermo, no podrás decir: «Levántate y anda en el nombre del Jesús que predica mi pastor», porque esa es una vara prestada.

Hazte un enorme favor: ve ahora mismo con tu vara, golpea las aguas, y abandona las muletas de incredulidad.

CAPÍTULO 15

HASTA QUE LOS CORDEROS SE CONVIERTAN EN LEONES

En realidad yo estaba seguro que el Superclásico de la Juventud del año 2005 en el estadio River iba a ser el último, por eso lo llamamos «la despedida». No se trató de un truco de mercadeo. Habían sido muchos años de renuncia a nuestros intereses personales, a tener nuestra propia casa, a invertir en la familia, solo para poder costear las cruzadas en los estadios. Los primeros quince años de nuestro matrimonio habíamos vivido endeudados por cada uno de esos eventos. «Ya es hora de terminar, seguramente Dios levantará a otros para que hagan lo mismo», me convencí. Y esa misma noche en River, el evangelista Alberto Mottesi profetizó: «¡El Superclásico no se termina! ¡Comienzan cosas más grandes para tu ministerio!». Aun así, aquella noche estaba seguro de que no íbamos a regresar.

Seis años después, mientras entrenaba a un grupo de líderes de nuestra congregación, recibí una llamada desde Argentina, era nada menos que un entrañable amigo que me puso al habla con el gobernador de la provincia de Buenos Aires, Daniel Scioli. «Si vienes a hacer el Superclásico a Buenos Aires, el gobierno de la provincia te cede el Estadio Único gratuitamente por dos noches», me dijo. No solo eso, sino que él mismo se comprometía a transmitir parte de la cruzada en cuatro canales de la Argentina, además de poner a mi disposición toda la estructura de la gobernación.

«¿Hasta cuándo seguiré predicándole a la juventud?», le dije al Señor aquella misma noche mientras conducía de regreso a casa. «Continúa, hasta que los corderos se conviertan en leones», susurró a mi corazón, trayéndome a la memoria una película épica que había visto hacía semanas atrás.

Pocos días después, en febrero de 2011, predicaba este mensaje en la Catedral de Cristal de Garden Grove y lo transmitía por catorce satélites a treinta y dos naciones... y en algunos meses más, regresaba con el Superclásico al Estadio Único de La Plata, Buenos Aires.

«Levántense una y otra vez, hasta que los corderos se conviertan en leones», Robin Hood. Creo que quien escribió el guion de esa película se habrá inspirado en una historia fascinante de la Biblia que te contaré. «Algún tiempo después, Ben Adad, rey de Siria, movilizó todo su ejército para ir a Samaria y sitiarla. El sitio duró tanto tiempo que provocó un hambre terrible en la ciudad, a tal grado que una cabeza de asno llegó a costar ochenta monedas de plata, y un poco de algarroba, cinco» (2 Reyes 6.24–25).

El rey de Siria había rodeado al pueblo de Dios en Samaria y lo sitió. Al sentirse rodeado, el pueblo empezó a percibir la desazón de no poder salir ni entrar. Los pobladores habían quedado aislados. Antiguamente las ciudades vivían del comercio que producía el campo. Cuando una ciudad era sitiada por los enemigos, los vencían por el hambre, por la sed, sin siquiera entrar en batalla. Nadie podía sobrevivir dentro de una ciudad si no podían salir a buscar las cosechas del campo. Esa fue una idea del rey Ben Adad de Siria, de modo que los habitantes de Samaria no pudieran tener alimento y se rindieran.

Al principio esa hostilidad no molestaba mucho al pueblo, pero a medida que el hambre aumentaba, todo comenzó a ponerse más tenso. Era muy poco lo que tenían para comer, algunos alimentos se vendían a precios altísimos, imposibles de comprar.

Esta palabra es especialmente para aquellos que viven una situación difícil de soportar en cualquier área de la vida, ya sea familiar, matrimonial, física o ministerial. No me refiero a aquellos a los que todavía les queda una esperanza, sino a los que ya hicieron todo, hasta lo último y están desahuciados. Aquellos que saben que las salidas se agotaron y que se encuentran en una situación límite. Pero «cuanto más oscura está la noche, más cerca está el amanecer». Creo profundamente en eso.

La Biblia narra que era tal el hambre, que el canibalismo empezó a ser una opción.

Un día, mientras el rey recorría la muralla, una mujer le gritó:

—¡Sálvenos, Su Majestad!

—Si el Señor no te salva —respondió el rey—, ¿de dónde voy a sacar yo comida para salvarte? ¿Del granero? ¿Del lagar? ¿Qué te pasa?

Ella se quejó:

—Esta mujer me propuso que le entregara mi hijo para que nos lo comiéramos hoy, y que mañana nos comeríamos el de ella. Pues bien, cocinamos a mi hijo y nos lo comimos, pero al día siguiente, cuando le pedí que entregara su hijo para que nos lo comiéramos, resulta que ya lo había escondido. Al oír la queja de la mujer, el rey se rasgó las vestiduras. Luego reanudó su recorrido por la muralla, y la gente pudo ver que bajo su túnica real iba vestido de luto. (vv. 26–30)

El hambre era tal que dos mujeres se habían puesto de acuerdo para comerse a sus hijos, primero se habían comido a uno y cuando iban a comerse al otro, la madre lo había escondido. ¿Cómo puede un gobernante, un rey, lidiar con una situación así? ¿Qué hace un jefe de Estado cuando dos mujeres dicen que se comieron al hijo de una y luego van por el hijo de otra?

El rey obviamente no tuvo respuesta. Tampoco ustedes la tendrían. Simplemente rasgó sus vestidos y se vistió de luto. Esa es «la situación más extrema en la que una persona puede estar». El canibalismo era el límite que podía esperar. Entonces el rey se enojó tanto que se enfadó con Dios y con el profeta Eliseo. Aunque no sabemos cómo se llamaba el rey de Samaria, sí sabemos que un rey que se enoja con un profeta de Dios, como lo era Eliseo, en verdad se enoja con Dios. «¡Que Dios me castigue sin piedad —exclamó el rey— si hoy mismo no le corto la cabeza a Eliseo hijo de Safat!» (v. 31).

Hay personas que sin maldad me dicen: «Pastor, yo no entiendo por qué Dios permite que ocurran esas cosas». Y aunque no dicen: «Dios, tú eres el culpable», intrínsecamente le están echando la culpa de lo que ocurre. El rey se enojó y dijo que era culpa de Eliseo y de su Dios. Pero cuando el profeta Eliseo se enteró de lo que estaba sucediendo con el rey frente a la realidad del pueblo, decretó una palabra profética.

Mañana a estas horas

Una palabra profética es aquella declaración de algo que va a ocurrir cualquiera sean las circunstancias. Haya fe o no la haya. Lo crean o no lo crean. Cuando decretas una palabra profética, esta se cumple.

Cuando Liliana y yo asumimos el pastorado en la iglesia, muchos me decían que no iba a crecer, que «en aquella ciudad no estaba el mover de Dios». Entonces nos paramos con autoridad y dijimos: «Vamos a decretar vida donde algunos dicen que no la hay. Unción donde dicen que no puede haber. Presencia de Dios donde dicen que "nada va a ocurrir"». La gloria de Dios descendió a la congregación por ese decreto, por esa palabra profética. Eso hizo Eliseo cuando dijo: «Oigan la palabra del Señor, que dice así: "Mañana a estas horas, a la entrada de Samaria, podrá comprarse una medida de flor de harina con una sola moneda de plata, y hasta una doble medida de cebada por el mismo precio"» (2 Reyes 7.1).

¡Imagina que en medio del hambre y de la crisis, donde se paga una fortuna por una legumbre, y hasta se están comiendo a sus hijos para poder sobrevivir, el profeta Eliseo diga esta palabra! Fue tremendo. Pero el ayudante personal del rey replicó:

¡No me digas! Aun si el Señor abriera las ventanas del cielo, ¡no podría suceder tal cosa!
—Pues lo verás con tus propios ojos —le advirtió Eliseo—, pero no llegarás a comerlo. (v. 2)

Cuando Dios lanza una palabra profética, no te atrevas a dudar. Porque cuando este comandante del rey dudó, el profeta le dijo: «Vas a ver todo pero no vas a comer. Te vas a amargar de ver cómo otros prosperan y tú no». La falta de fe traerá muerte.

Cuatro corderos a punto de ser leones

Fuera de la ciudad de Samaria había cuatro leprosos, que al igual que en el resto de las ciudades, no podían ingresar porque eran inmundos. En esa época, los leprosos no podían estar con el resto de la gente a causa de su enfermedad, que se consideraba contagiosa. Esos pobres hombres estaban pasando mucha hambre. Si apenas sobrevivían en épocas normales cuando la gente que venía del campo trayendo sus cosechas se apiadaba de ellos y les tiraba alguna limosna, en las condiciones que estaba Samaria, no recibían nada. Si los habitantes de la ciudad morían de hambre, imagínate cómo estaban los leprosos afuera. Eran cuatro corderos que intentaban sobrevivir. Más tarde se transformarían en los héroes de esta historia.

Samaria estaba cubierta por un manto de desesperación, con un rey que no sabía qué hacer, un profeta que decretó bendición y cuatro corderos desahuciados, hambrientos, leprosos; sin embargo, todos ellos llegan a la siguiente conclusión: «¿Qué ganamos con quedarnos aquí sentados, esperando la muerte? —se dijeron unos a otros—. No ganamos nada con entrar en la ciudad. Allí nos moriremos de hambre con todos los demás, pero si nos quedamos aquí, nos sucederá lo mismo. Vayamos, pues, al campamento de los sirios, para rendirnos.

Si nos perdonan la vida, viviremos; y si nos matan, de todos modos moriremos» (vv. 3–4).

Un razonamiento lógico, ¿no te parece? Si se quedaban allí, morirían. Por lo tanto, entre morir de una muerte segura y de una probable, fueron hacia la muerte probable. Quizás los sirios se compadecerían de ellos y les perdonarían la vida. No sabemos quién convenció a los otros tres o si fue una idea en conjunto, pero se pusieron de acuerdo.

Dios usa a aquel que está en un punto límite, porque hay un gran secreto en esa situación: «No tiene nada que perder». Cuando la vida te ha llevado a vivir los buenos años y ya tienes tu casa, tu automóvil y te armaste tu negocio, es más difícil obedecer cuando Dios te pide algo. Porque tienes cosas que perder. Excepto que entiendas muy bien que eres mayordomo de lo que posees, y cada vez que Dios te lo pida, se lo entregues. Pero en general la gente no es así, se aferra a lo poquito que tiene y cree que con eso va a sobrevivir. Sin embargo, cuando el Señor permite por alguna razón que lo pierdas todo, y ya no tengas nada que perder, es más fácil darlo todo.

Como polilla o como león...

Dios habla de muchas maneras, pero hay dos de ellas que son muy interesantes. La primera se encuentra en el versículo de Oseas 5.12 que dice: «Pues seré para Efraín como polilla». La polilla es una mariposa nocturna que se come la ropa y corrompe todo lo que es de género, de tela. En este versículo Dios se compara con la mariposa nocturna. Dice que hablará como ella, como un zumbido que simplemente molesta el descanso. Él siempre habla suavemente, pero si no escuchas, dos versículos después dice: «Yo seré como un león para Efraín».

O lo escuchas por las buenas o permitirá que vivas una situación límite como los leprosos, para que entregues lo que tienes que entregar. Si estás atravesando una situación crítica, el Espíritu Santo te dice que no maldigas el lugar donde estás, porque es allí donde estás recibiendo esta palabra. Estás en ese lugar porque de cordero te transformarás en león. Dios te hablará como polilla o como león, pero ten por seguro que te hablará.

En los tiempos límites, una oportunidad

Los cuatro leprosos vieron, en su limitación, una oportunidad para hacer su primer movimiento. No tuvieron lástima de sí mismos. Sino que decidieron avanzar para vivir. Tu peor tragedia en la vida es que te «acostumbres» a la vida miserable. Que te «anestesies» para una vida gris y monótona.

Cuando el profeta soltó la palabra: «Mañana a estas horas» y en el ámbito espiritual empezaron a ocurrir cosas, comenzó a desatarse todo lo que estaba atado. Pero ellos debieron dar el primer paso, hacer el primer movimiento, decididos a hacer algo con sus vidas.

Una cosa es estar esperando en las promesas de Dios y otra es estar esperando que la vida se te pase. Dios bendice al que se esfuerza, al que trabaja, al que se levanta todos los días y pelea por la vida.

Un reconocido pastor colombiano decía: «La selva produjo lo que hoy soy». Eso me llevó a pensar que en verdad no fue Samuel quien ungió a David, sino que Goliat fue quien lo levantó. David no hubiera sido quien fue si no se hubiese encontrado con un Goliat en su vida. Yo no sería quien soy si no me hubiese encontrado con los que me menospreciaron y me subestimaron. Ellos me hicieron fuerte para avanzar. Los excluidos y menospreciados del mundo son los llamados a sacar adelante una sociedad, porque no tienen nada que perder.

Cuando en el año 1996 anunciamos que íbamos a realizar una cruzada en un gran estadio de Buenos Aires, todos empezaron a decir: «No va a funcionar. Dante no es nadie, no tiene don, no tiene ministerio, no sabe predicar, la gente no lo conoce». Y la mayoría de las cosas que decían eran ciertas. Pero esas palabras, en lugar de detenerme, me hicieron avanzar. Porque, quizás era como ellos decían y fracasábamos, pero ¿y si no? ¿Y si ahí comenzaba la historia? ¿Y si dejo de ser un anónimo, un leproso, un cordero, y en el trayecto me convierto en un león que pelea por las almas?

Ese primer paso tiene que ir acompañado de la palabra profética que ha sido declarada: «Mañana a estas horas». Tiene que ser acompañada por un paso de fe que nos impulsa a avanzar hacia el enemigo. Toma la iniciativa y Dios hará el milagro.

La Biblia continúa relatando lo ocurrido con los cuatro leprosos, los cuatro corderitos: «Al anochecer se pusieron en camino, pero cuando llegaron a las afueras del campamento sirio, ¡ya no había nadie allí! Y era que el Señor había confundido a los sirios haciéndoles oír el ruido de carros de combate y de caballería, como si fuera un gran ejército. Entonces se dijeron unos a otros: "¡Seguro que el rey de Israel ha contratado a los reyes hititas y egipcios para atacarnos!". Por lo tanto, emprendieron la fuga al anochecer abandonando tiendas de campaña, caballos y asnos. Dejaron el campamento tal como estaba, para escapar y salvarse» (vv. 5–7).

Mientras los leprosos iban camino al campamento, Dios encendió su consola de efectos especiales para que determinados sonidos se escucharan en la tierra. Pero Dios no puede poner los efectos de sonido si primero el actor no se pone en movimiento. Entonces aprieta el botón que dice: Sonido de trueno, imágenes de relámpagos, estruendo de caballos, ejército de miles de personas en movimiento. Y nosotros, los que estamos aquí en la tierra, tenemos que entender que Dios desea avergonzar a nuestros enemigos.

El relato explica que cuando los cuatro leprosos iban camino al campamento sirio, el Señor hizo que los sirios escucharan el estruendo de carros, de caballos y de un gran ejército. Y entraron en pánico. Tal fue el temor que les sobrevino que hasta se olvidaron de llevar las mochilas. Dejaron la comida, las armas y empezaron a correr en ropa interior. Pero lo que se oía como un gran ejército que llegaba a invadirlos, en verdad eran solo cuatro leprosos.

Hasta que los corderos se transformen en leones

Solo porque decidieron avanzar, Dios convirtió a los corderos en leones. Él hizo que los leprosos se vieran como leones ante el enemigo. Cuando iban de camino un estruendo gigantesco se desató. Tal era el ruido de sus pasos que los sirios creían que un ejército los atacaba. Todo eso ocurrió de la noche a la mañana.

Si te animas a dar pasos de fe, hallarás gracia y favor delante de Dios. Porque el que está contigo es mayor que los que están con tus enemigos. Dios los confundirá.

«Cuando los leprosos llegaron a las afueras del campamento, entraron en una de las tiendas de campaña. Después de comer y beber, se llevaron de allí plata, oro y ropa, y fueron a esconderlo todo. Luego regresaron, entraron en otra tienda, y también de allí tomaron varios objetos y los escondieron» (v. 8).

Los sirios habían abandonado todo, por eso los leprosos encontraron no solamente comida, sino también sus riquezas y hasta sus armas. Ellos fueron los primeros que disfrutaron del botín. Y aunque en un primer momento quisieron ser egoístas y pensar solo en ellos, luego tomaron una buena decisión. Esos leprosos, esos corderos que ahora eran leones, tenían conciencia. Entonces dijeron: «Esto no está bien. Hoy es un día de buenas noticias, y no las estamos dando a conocer. Si esperamos hasta que amanezca, resultaremos culpables. Vayamos ahora mismo al palacio, y demos aviso» (v. 9).

Esta es la segunda declaración profética: «Esto no está bien». Ellos decidieron transformarse en agentes de bendición. Porque cuando «mañana a estas horas» ocurra el milagro, sentirás la carga que ellos tuvieron. No podían quedarse callados y no decirle a las mamás que se estaban comiendo a sus hijos, que allí había comida de sobra. «No esperemos que nos alcance la maldad. Demos la noticia al rey», dijeron.

Así que los leprosos fueron a la ciudad de Samaria y llamaron a los centinelas para decirles: «"Fuimos al campamento de los sirios y ya no había nadie allí. Sólo se oía a los caballos y asnos, que estaban atados. Y las tiendas las dejaron tal como estaban". Los centinelas, a voz en cuello, hicieron llegar la noticia hasta el interior del palacio» (vv. 10–11).

Pero el rey no creía que eso estaba sucediendo. Él pensaba que los sirios estaban tramando algo contra ellos. Porque, en verdad ¿quién iba a creerle a cuatro leprosos? Entonces el rey dijo: «Como saben que estamos pasando hambre, han abandonado el campamento y se han escondido en el campo. Lo que quieren es que salgamos, para atraparnos vivos y entrar en la ciudad».

Entonces decidieron seguir el protocolo militar y mandaron un espía para que confirmara lo que los leprosos habían descubierto. «De modo que regresaron los mensajeros e informaron al rey, y el pueblo salió a saquear el campamento sirio» (vv. 15–16).

Amigos, el gran crimen contra la humanidad no fue el atentado del 11 de septiembre ni el genocidio nazi contra nuestros hermanos judíos. El gran crimen de la humanidad es una iglesia que come y bebe frente a un mundo que se muere de hambre. Una iglesia que se queda callada y no tiene la valentía de decir: «No estamos haciendo bien».

Yo quiero que todo el mundo sepa que ya Samaria no está sitiada, que los enemigos se han ido. Que antes éramos corderos y ahora somos leones. Quiero que sepan que en Dios se come bien, que en nuestros templos hay alimento espiritual en abundancia.

Si tú sabes que tu vecino está enfermo y tienes la cura para esa enfermedad, si no se lo dices, eres un criminal. Acarrearás esa muerte y la sangre de esa persona caerá sobre ti. No hay un solo día que no me acueste en mi cama pensando que pude haber hecho más.

Después del año 1996 volví a predicar en estadios. Primero fuimos a uno, después a otro, tanto en Argentina como en otras partes del mundo. Un día le dije a Dios: «Señor, todo esto es mucha siembra, mucho dinero. ¿Hasta cuándo lo seguiremos haciendo?». Y él me respondió: «Hasta que los corderos se conviertan en leones».

La Biblia continúa el relato diciendo que al otro día, «Y tal como la palabra del SEÑOR lo había dado a conocer, se pudo comprar una medida de flor de harina con una sola moneda de plata, y hasta una doble medida de cebada por el mismo precio tal y como lo había declarado el profeta».

Había comida de sobra en las puertas de Samaria. El rey envió a su mano derecha a que vigilara lo que estaba pasando en la puerta de la ciudad, pero el pueblo lo atropelló ahí mismo. Aquel hombre que había dudado de la palabra que Eliseo, murió pisoteado. Conforme a lo que había dicho Eliseo. Ese centinela vio lo que estaba ocurriendo, pero no comió. Nunca pongas en duda una palabra profética, aunque haya hambre, bancarrota o el mercado de negocios quiebre. Levántate una y otra vez... hasta que los corderos se conviertan en leones.

ACERCA DEL AUTOR

Decenas de miles de personas son inspiradas por medio de sus programas de televisión y radio, de sus conferencias y mensajes en sus giras internacionales; en los recintos que lo acogen se agotan las localidades, y sus libros suelen ser un éxito de ventas.

Actualmente está al frente de FavordayChurch, la iglesia hispana en Estados Unidos que ha crecido de una manera asombrosa en poco tiempo.

Gebel alcanza a un público inmenso a través de sus programas, los cuales se emiten en varias cadenas televisivas de Latinoamérica con su programa semanal llamado *Dante Gebel Live* que muestra sus presentaciones en vivo en diferentes partes del mundo. Además, conduce *Dante Night Show*, un programa nocturno de entrevistas que se emite en una de las cadenas hispanas de Estados Unidos.

Ha escrito varios libros con Vida: *El código del campeón*, *Pasión de multitudes*, *Las arenas del alma*, *Monólogos de Dante Gebel*, *Destinado al éxito*, *Asuntos internos*, además de haber actuado en varios filmes de la compañía.

Ha realizado varias cruzadas multitudinarias en diferentes estadios de América a los que llama Superclásicos de la Juventud. Dante es reconocido en el mundo hispano como uno de los oradores más extraordinarios para la juventud y la familia, capaz de conducir al público por las más fascinantes historias que van desde las risas hasta las lágrimas. Actualmente, Dante reside en Orange, California, y está casado con Liliana, con quien tiene cuatro hijos: Brian, Kevin, Jason y Megan.

Puedes comunicarte con el autor a través de su sitio oficial: www.dantegebel.com.